꼬불꼬불나라의
인권이야기

에듀텔링 003

꼬불꼬불나라의 인권이야기

초판 1쇄 발행 | 2013년 11월 3일
초판 5쇄 발행 | 2018년 8월 10일

지은이 | 서해경
그린이 | 정우열
펴낸이 | 나힘찬

마케팅총괄 | 고대룡
책임편집 | 김영주
책임디자인 | 고문화
자료협찬 | 다문화어린이도서관 모두
인쇄총괄 | 야진북스
유통 | 북패스

펴낸곳 | 풀빛미디어
등록 | 1998년 1월 2일 제2015-000135호
주소 | (04018) 서울시 마포구 월드컵로 65 양경회관 306호
전화 | 02-733-0210
팩스 | 02-6455-2026
전자우편 | sightmar@naver.com
이벤트블로그 | blog.naver.com/pulbitmedia
홈페이지 | pulbitmedia.modoo.at
페이스북 | www.facebook.com/pulbitmedia

ISBN 978-89-6734-020-9 74300
ISBN 978-89-88135-74-7 (세트)

저작권법에 따라 보호받는 저작물이므로 무단 전재와 복제를 금합니다.
책값은 뒤표지에 있습니다.
파본은 구매하신 서점에서 바꾸어 드립니다.

┌─ 어린이제품 안전특별법에 의한 기타표시사항 ─┐
제품명 도서 | **제조자명** 풀빛미디어 | **제조년월** 2018년 8월 | **사용연령** 8세 이상 | **제조국명** 한국
주소 (04018) 서울특별시 마포구 월드컵로 65 (망원동) 양경회관 306호 | **전화번호** (02)733-0210

꼬불꼬불나라의 인권이야기

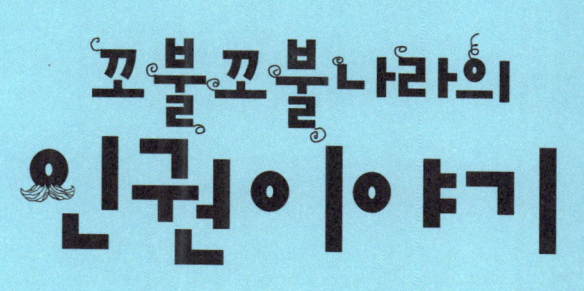

서해경 글 | 정우열 그림

머리말

이 책을 읽는 어린이에게

　어느 먼 곳에 꼬불꼬불나라가 있었어요. 팔자수염을 멋있게 기른 수염왕이 다스리는 나라지요. 그런데 수염왕은 제멋대로 나라를 다스리다, 국민에게 쫓겨나고 말았어요. 그 뒤, 수염왕은 열심히 일해서 아주 큰 부자가 되었어요. 하지만 돈을 벌려고 법을 어기는 바람에 재판을 받게 되지요.

　수염왕은 200시간 동안, 사회봉사를 하라는 판결을 받았어요. 수염왕은 무지개 복지관에서 사회봉사를 하게 돼요. 무지개 복지관은 장애가 있는 친구, 다문화 가정의 친구, 소심한 친구, 가족에게 버림받은 어르신 등 소수자들이 자신의 색깔로 만들어 가는 곳이에요.

　그런데 수염왕은 다른 사람에겐 관심이 없어요. 잘난 척하느라 바쁘니까요. 하지만, 복지관의 친구들에게는 자꾸만 관심이 생겼어요. 그 친구들은 수염왕이 감당하기 어려운 악동들이었거든요.

하지만 그냥 당하고만 있을 수염왕이 아니죠. 수염왕은 복수를 하려고 악동들을 지켜봤어요. 그러다 관심을 가지게 되었어요. '관심'은 아주 놀라운 힘이 있어요. 복수는커녕, 수염왕이 복지관 친구들에게 느끼던 편견, 차별과 동정의 시선이 어느새 사라졌어요. 다양한 빛깔이 함께 있기에 무지개가 아름답듯이, 다양한 사람과 함께 어울려 사는 것이 더 아름답다고 깨닫지요. 그리고 수염왕은 점점 더 행복해졌어요.

이기적이고 욕심 많고, 자기만 잘난 줄 아는 수염왕도 변화시키는 '관심'. 그 힘은 어디에서 나올까요? 또 얼마나 힘이 셀까요? 수염왕이 무지개 복지관에서 친구들과 함께 지낸 모습을 보면, 쉽게 알 수 있을 거예요.

자, 수염왕과 함께 무지개 복지관의 친구들을 만나러 가 볼까요? 그리고 그 친구들에게 '관심'을 가져 보자고요. 어쩌면, 우리도 다른 사람을 관심 있게 보면, 수염왕처럼 점점 더 행복해질지도 몰라요. 수염왕이 할 수 있다면 우리도 할 수 있을 테니까요.

서해경

목차

머리말―이 책을 읽는 어린이에게	4
등장인물	8
프롤로그	10

1/ 수염왕, 무지개 복지관에 가다   15
　소수자란? 차이와 차별은 달라요

2/ 수염왕과 악동들의 대결   41
　장애 장애인 차별금지법

3/ 심술쟁이 할머니를 만나다   69
　노인 문제 노인을 위한 유엔 원칙

4/ 수염왕, 아이들과 화해하다 87
다문화 가정 다문화 가정이 겪는 어려움은 무엇일까?

5/ 자꾸만 관심이 생긴다 105
다문화 사회 차별받을 만한 이유가 있다고?

6/ 다 함께 빙글빙글 139
서로 배우는 사회 다문화 어린이 도서관 '모두' 탐방

함께 읽어요 – 인도네시아 전래동화 162
《용감한 띠문 으마스》

등장인물

수염왕

✻ 꼬불꼬불나라의 왕이었다가 쫓겨나고 나서 왕수염 회사를 세웠어요. 회사를 경영하다 잘못을 저질러서 법원으로부터 사회봉사 명령을 받았지요. 사회봉사를 하러 간 무지개 복지관, 괴팍하고 자기밖에 모르는 수염왕이 제대로 봉사를 할 수 있을까요?

윤다정 선생님

✻ 무지개 복지관에서 어르신 교실을 맡고 있어요. 인권, 배려와는 아주 거리가 먼 수염왕에게 당황하기도 하지만 상냥하게 수염왕을 대해요. 세상은 무지개처럼 다양한 사람이 함께여서 아름답다고 믿어요.

심술쟁이 할머니

✻ 가장 오랫동안 복지관에 다닌 할머니예요. 그래서 수염왕에게 텃세를 부리고 막무가내로 수염왕을 부리려고 해요. 하지만, 할머니의 약한 마음을 수염왕에게 털어놓을 만큼 수염왕을 믿는답니다.

진실이

✻ 수염왕의 책 읽는 수업을 들어요. 시각 장애가 있지만 밝고 긍정적이죠. 어린 링고를 잘 보살펴줘요. 수염왕의 이기심과 무관심을 밝은 웃음으로 바꿔주는 놀라운 친구지요.

차돌이

✽ 청각 장애 때문에 의사소통이 어려워요. 하지만 자기와 친구를 놀리는 아이들에게 맞서는 용감한 친구지요. 수염왕은 차돌이를 알아갈수록 차돌이가 화를 내는 이유를 알게 되고, 그 순수함에 놀라게 된답니다.

대한이

✽ 무지개 복지관 아이들의 대장 격이에요. 번번이 수염왕의 속을 썩여요. 엄마가 검은진주나라 사람이라 외모가 다른 아이들과 조금 달라요. 그래서 학교 친구들에게 상처를 받아서 모르는 사람을 경계해요.

링고

✽ 복지관에서 가장 나이가 어려요. 아빠가 붉은꽃나라 사람이에요. 그래서 항상 붉은꽃 나라의 전통치마를 입어요. 꼬불꼬불나라의 말은 잘 못하지만 몸짓으로 표현을 잘해요. 좋아하는 마음도 적극적으로 표현해서 수염왕을 당황하게 하지요.

조용희

✽ 있는 듯 없는 듯 조용한 친구예요. 하지만 수염왕은 조용희와 이야기를 하면서 꼭꼭 숨겨둔 마음을 열게 되지요. 이해심이 많고, 다른 사람의 말을 잘 들어주는 속 깊은 친구랍니다.

프롤로그

"피고 수염왕은 '꼬불꼬불면'을 값싼 수입 재료로 만들었으면서 국내산 재료로 만들었다고 속였습니다. 이것은 소비자를 속이고, 소비자가 제품을 제대로 알고 선택할 권리를 빼앗은 것입니다."

"치, 그건 오반칙이 그렇게 하자고 날 꾄 거란 말이야. 난 억울해."

판사의 말에 수염왕이 중얼거렸어.

"원산지를 속인 잘못은 크지만, '왕수염회사'에서 스스로 신문에 잘못했다고 뉘우치는 광고를 낸 점을 참고해서 감옥에 가두지는 않겠습니다. 대신 법정은 수염왕에게 벌금 3000만 원을 선고합니다."

판사가 판결을 내렸어.

"뭐? 벌금? 내 피 같은 돈을 내라고? 말도 안 돼. 못 내!"

수염왕이 자리에서 벌떡 일어나 소리 질렀지.

"이 도둑놈! 내 돈을 빼앗아 가려고?"

수염왕은 판사에게 삿대질하며 화를 냈어. 그러자 판사는 수염왕을 보며 말했지.

"수염왕 피고, 아직 판결이 다 끝나지 않았어요. 이번엔 수염왕이 경쟁 회사인 '맛좋은회사'의 '탱탱면'에 쥐꼬리와 바퀴벌레를 넣은 사건입니다. 이 행동 때문에 소비자들은 '탱탱면'을 지저분한 제품이라 생각해서, 사 먹지 않았습니다. 덕분에 수염왕의 '수염왕회사'에서 만든 제품이 더 잘 팔렸습니다. 이것은 소비자를 속이고 공정한 상거래를 방해한 큰 잘못입니다."

"치, 이건 정말 억울해. '맛좋은회사'의 오반칙이 먼저 우리 회사에 대한 나쁜 소문을 퍼뜨렸다고."

수염왕이 투덜거렸어.

"하지만 '맛좋은회사'에서 먼저 '왕수염회사'의 제품에 대한 나쁜 소문을 퍼뜨렸습니다."

"오~ 그렇지, 그렇지. 그게 진실이야. 이제야 판사가 내 억울한 사정을 이해하는군."

수염왕은 활짝 웃었어. 갑자기 판사가 좋아졌지.

"그래서 본 법정에서는 수염왕에게 사회봉사 활동 200시간을 결정합니다. 피고 수염왕이 사회봉사를 하면서 법의 엄정함을 깨닫고 자신의 행동을 깊이 반성하길 바랍니다."

땅땅땅!

판사는 수염왕에게 사회봉사 명령을 내렸어.

수염왕은 입을 헤 벌린 채, 판사를 바라보았어. 판사의 말을 이해하지 못했거든. 수염왕은 뒤에 앉은 일잘해 부장에게 물었어.

"이게 무슨 소리냐? 사회봉사라니……. 그럼 벌금 대신 사회봉사를 하면 된다는 건가?"

일잘해 부장은 고개를 저었어.

"아닙니다, 사장님. 벌금은 꼬불꼬불면의 원산지를 속인 잘못에 대한 벌이고요, 사회봉사 명령은 사장님께서 탱탱면에 쥐꼬리와 바퀴벌레를 넣은 잘못에 대한 벌입니다."

"응? 그, 그럼……."

"네. 벌금도 내고 사회봉사도 하셔야 합니다."

"뭐라고? 말도 안 돼. 한 번만 봐줘, 딱 한 번만!"

수염왕은 비명을 질렀어.

1

수염왕, 무지개 복지관에 가다

소수자란? 차이와 차별은 달라요

"여긴가?"

수염왕이 무지개 사회복지관에 도착했어. 수염왕은 이곳에서 200시간 동안 봉사해야 해.

"휴, 이게 무슨 꼴이야? 예전엔 이 꼬불꼬불나라의 왕이었고, 지금은 커다란 회사의 사장인 나, 수염왕이 사회봉사 명령까지 받다니……."

수염왕은 한숨을 쉬고는 무지개 사회복지관에 들어갔어.

"어떻게 오셨어요?"

상냥한 목소리가 수염왕을 반겼어. 복지관에서 일하는 윤다정 선생님이야.

"나는 수염왕인데, 뭐하면 되나? 미리 말하지만, 난 힘든 일은 못 해."

수염왕이 복지관을 둘러보며 시큰둥하게 말했어.

"아, 수염왕 선생님이시군요. 반갑습니다. 저는 윤다정이라고 해요. 어르신 교실을 맡고 있답니다."

윤다정 선생님이 웃으며 말했어.

"됐네. 당신이 뭘 하는 사람인지는 관심 없어."

"아, 네. 죄송합니다. 관심 없으신 말을 해서요."

윤다정 선생님이 얼굴을 붉혔어.

"수염왕 선생님께서 하실 일은 관장 선생님이 알려주실 거예요. 제가 관장님께 모셔다 드릴게요. 이리 오세요."

수염왕은 윤다정 선생님을 따라 관장실에 갔어.

관장실 한쪽 벽엔 낡은 책장이 있고, 그 옆에 역시 낡은 책상이 있어. 책상 위에 두꺼운 서류가 쌓여 있고 관장 선생님은 서류를 읽고 있었어.

"관장 선생님, 수염왕 선생님이 오셨어요."

윤다정 선생님의 말에 관장 선생님이 고개를 들었어. 관장 선생님은 작고 동그란 안경에 흰머리를 단정하게 뒤로 묶었어.

"아, 오셨군요. 일단 여기 앉으세요."

관장 선생님이 소파를 가리켰어. 군데군데 구멍이 나고 그 사이로 노르스름한 스펀지가 삐져나온 낡은 소파였지.

수염왕은 손으로 소파를 툭툭 쳐서 먼지를 턴 다음에 소파에 살짝 걸터앉았어.

"수염왕 선생님, 반갑습니다. 제가 무지개 복지관 관장 엄엄자입니다. 선생님께서도 잘 아시겠지만, 저희 무지개 복지관은 소수자를 위한 곳입니다. 소수자가 사회에서 건강하고 평등한 사회의 구성원으로 살 수 있도록 돕는 곳이죠."

"소수자? 성은 소, 이름은 수자로군. 그런데 그 소수자란 사람이 누구요?"

수염왕이 의심 가득한 눈으로 관장 선생님을 노려보았어. 소수자가 얼마나 대단한 사람이기에 소수자를 위해 복지관까지 있단 말인가. 나보다 훌륭하고 돈 많은 사람일까? 수염왕은 기분이 나빴어.

"네? 소수자가 누구냐고요? 아, 소, 소수자는요……."

관장 선생님은 수염왕의 반응에 당황한 듯 안경을 슬쩍 올렸어. 하지만 곧 침착함을 되찾고 수염왕을 똑바로 보았어.

"소수자는 사람 이름이 아닙니다. 음, 앞으로 저희와 함께 봉사

하시면 소수자에 관해 저절로 아시게 될 겁니다."

"그게 무슨 소리요? 내가 왜 소수자라는 사람을 알아야 한단 말이오? 난 법원에서 봉사하라고 해서 여기 온 것뿐인데."

수염왕이 머리를 갸웃하며 물었어.

관장 선생님은 수염왕의 말을 못 들을 척, 설명을 이어갔어.

"우리 복지관에는 초등학생이 방과 후에, 선생님들과 함께 공부하고 놀고 간식도 먹으며 즐겁게 지내고 있답니다."

"초등학생요?"

"네. 미취학 아이도 있어요. 아무튼, 수염왕 선생님께서 하실 일은 오전에는 복지관을 청소하시고요. 오후에는 아이들에게 동화책을 읽어 주시는 거예요. 동화책을 읽어 주는 것이 아이들에게 얼마나 중요하고 큰 도움이 되는지는 수염왕 선생님도 아시겠죠?"

"그럼. 나는 중요한 일만 하는 사람이니까, 당연히 동화책 읽는 일도 중요한 일이겠지."

관장 선생님은 수염왕의 대답에 좀 당황했지만, 아무 말도 하지 않았어.

"자, 그만 일어날까요. 선생님께서 맡으실 아이들을 만나셔야죠."

수염왕은 관장 선생님을 따라나섰어.

관장 선생님이 수염왕을 도서실로 안내했어. 도서실은 크고 작은 책이 가득 꽂힌 낮은 책장과 장난감이 정리된 수납장과 장난감 상자가 늘어서 있고, 한쪽에는 동그란 책상과 의자들이 있어. 아이들은 의자에 얌전히 앉아 책을 읽고 있었지.

"이곳입니다."

관장 선생님이 교실문을 열자, 아이들이 일제히 관장 선생님을 쳐다보았어. 관장 선생님은 아이들 쪽으로 수염왕을 밀었어. '어이쿠' 수염왕이 비틀거리며 앞으로 밀려나왔지.

"자, 여러분. 오늘부터 여러분에게 동화책을 읽어 주실 수염왕 선생님이세요. 수염왕 선생님을 환영하며 박수로 맞아주세요."

아이들은 짝짝짝 손뼉을 치며 수염왕을 빤히 바라보았어.

수염왕은 눈을 동그랗게 뜨고 자기를 보는 아이들이 귀여웠어. 사실 아이들이 자신에게 손뼉을 쳐 줘서 더 귀엽게 보였지.

"흠흠. 나는 수염왕이에요. 여러분을 위해서 내가 아주 재미있게 동화책을 읽어 줄 거예요."

"수염왕 선생님, 저는 그만 가보겠습니다."

관장 선생님이 나가고 수염왕과 아이들만 남았어. 아이들은 수

염왕을 바라보며 조용히 앉아 있었지. 1초, 2초, 3초, 4초. 5초!

"관장 선생님 가셨다. 와~ 놀자."

아이들이 갑자기 소리를 지르며 의자에서 벌떡 일어났어. 펄쩍펄쩍 뛰는 아이, 고무공을 던지는 아이, 장난감 상자를 뒤집어 버리는 아이, 씨름을 하는 아이들까지. 교실 안은 순식간에 난장판이 되었어.

수염왕은 어안이 벙벙했어. 좀 전까지만 해도 그렇게 얌전하던 아이들이 고래고래 소리를 지르고 뛰어다니니까.

"모두 그만!"

수염왕은 빽 소리를 질렀어. 하지만 아이들은 들은 척도 하지 않았어. 수염왕은 당황하고 화도 났어.

'쪼끄만 녀석들이 날 무시해? 좋아, 너희가 이기나 내가 이기나 해보자.'

수염왕은 마음을 단단히 먹었어. 어떻게 해야 아이들이 자기 말을 잘 들을지 궁리했지. 옳거니! 수염왕은 무릎을 쳤어.

"야, 거기 너! 그래, 까만 애, 너 말이야."

수염왕은 아이 중에 제일 큰 대한이를 불렀어. 그런데 대한이가 뒤돌아 수염왕을 바라보자, 수염왕은 조금 당황했어. 대한이는 대

부분의 꼬불꼬불나라 사람들보다 피부가 어둡고 얼굴도 다르게 달랐거든.

"어? 너, 우리 꼬불꼬불나라 사람 맞느냐? 우리랑 다르게 생겼네?"

"내가 어느 나라 사람인지 물어보려고 부른 거예요?"

"아니, 그건 아니지. 가만 보니, 네가 여기 대장인 것 같은데 말이야. 아이들한테 이 수염왕 선생님의 말씀을 잘 들으면 이따가 아이스크림 사 줄 거라고 말해라."

"그럼 나는 쟤들보다 더 비싼 아이스크림 사 줄 거죠?"

"엥? 그, 그럼."

수염왕은 대한이가 괘씸했지만 아이들을 조용하게 하려면 어쩔 수 없다고 생각했어.

"야!"

대한이가 아이들을 향해 소리를 질렀어. 도서실은 순식간에 조용해졌어.

"너희가 오늘 조용히 있으면, 이따가 이 아저씨가 아이스크림 사 준대. 그러니까 너희 다 조용히 해라, 알았지?"

"진짜로 아이스크림 사 줄 거예요?"

대한이의 말을 듣고 아이들이 수염왕에게 물었어.

"그럼. 나 수염왕은 약속을 반드시 지키는 훌륭한 분이란다. 자, 그럼 얼른 요 앞에 앉아. 내가 책 읽어 줄게."

그러자 아이들은 선선히 교실 바닥에 옹기종기 모여 앉았어.

"오늘 읽어 줄 책은 《세종대왕》이란다. 나만큼은 아니지만 아주 훌륭한 왕이지."

세종대왕은 백성이 글자를 모르는 것이 안타까웠어요. 그래서 백성이 쉽게 배워서 쓸 수 있는 글자를 만들기로 했어요.

수염왕은 동화책이 재미있어서, 시간이 가는 줄도 몰랐어. 아이들도 이야기에 푹 빠져 눈을 동그랗게 뜨고 수염왕이 들려주는 동화에 귀를 기울였어. 금세 30분이 지났지.

"30분 됐어요. 빨리 아이스크림 사 주세요."

대한이가 벌떡 일어나며 소리쳤어.

"벌써?"

수염왕은 깜짝 놀라 벽에 걸린 시계를 봤어. 이야기에 푹 빠졌

던 다른 아이들도 움찔 놀랐어.

"빨리요. 아까 약속했잖아요."

대한이가 수염왕을 재촉했어. 그러자 다른 아이들도 수염왕에게 '아이스크림 사 주세요.'를 외쳤어.

"자, 이 돈으로 아이스크림 사서 하나씩 나눠 먹어라."

수염왕은 대한이에게 돈을 주었어. 대한이는 후다닥 달려가서, 아이스크림을 사 왔지.

"내가 아이스크림 사 줬다고, 다른 사람에게 말하면 안 돼. 알았지?"

수염왕의 말에 아이들은 입 주변에 아이스크림을 잔뜩 묻힌 채 고개를 끄덕였어.

'요 녀석들, 내 말을 잘 들으니까 제법 귀엽네.'

수염왕은 흐뭇했어. 아이들과 함께 지낼 시간이 기대되었지.

아이들은 아이스크림을 다 먹고, 그림 그리기, 비행기 만들기 교실로 흩어졌어.

다음 날, 수염왕은 콧노래를 흥얼거리며 무지개 복지관에 도착했어. 수염왕은 출근부에 사인한 다음, 도서실 책장 앞에서 이

책, 저 책을 꺼내 훑어보았어.

"오늘은 어떤 책을 읽어 줄까? 그래, 《톰 소여의 모험》을 읽어 줘야겠다. 아이들에겐 역시 모험 얘기가 딱 맞지."

수염왕은 복지관을 청소하면서도 은근히 아이들에게 책 읽어 주는 시간이 기다려졌어. 오후가 되자, 아이들이 하나둘 복지관 도서실로 모였어. 붉은 머리에 치마를 입은 링고와 진실이는 눈을 빛내며 수염왕 바로 옆에 앉았어.

"얘들아, 이 수염왕 선생님이 재미있는 책을 읽어 줄게. 요기에 얌전히 앉으렴."

수염왕은 의자에 앉으며 말했어. 그러자 대한이가 눈을 가늘게 뜨고 수염왕에게 물었어.

"아이스크림 사 줄 거예요?"

"뭐? 아이스크림? 어제 사 줬잖아?"

"치, 싫으면 관둬요."

대한이가 아이들을 둘러보며 말했어.

"얘들아, 이 선생님이 책 읽어 줘도 듣지 마. 형이랑 마당에 나가서 놀자."

대한이와 아이들이 우르르 교실 밖으로 나가 버렸어.

"자, 잠깐만. 이, 이 고약한 녀석들!"

수염왕은 당황해서 소리를 질렀지만, 아이들은 뒤도 안 돌아봤어.

그런데 한 아이가 수염왕에게 바짝 다가왔어. 차돌이였어.

"아이, 스, 크림."

"뭐? 아이스크림? 지금 이 상황을 보고도, 아이스크림 사 달라는 말이 나와?"

수염왕은 화가 나서, 소리쳤어.

그러자 갑자기, 차돌이의 입에서 엄청난 욕이 쏟아졌어.

"아, 이, 스, 크, 림. 나는, ……아아 %&*$@ @#&*&% $#%&&%$##, 또 $%&*% &#$@%$& %&*$@ @#&*&% $#% &&% $##야."

차돌이의 욕은 끝이 날 것 같지 않았어. 얼굴은 터질듯 빨갰지. 수염왕은 욕을 처음 들었어. 왕자로 태어난 수염왕에게 욕을 할 사람은 없었으니까. 차돌이의 욕을 듣고, 수염왕의 팔자수염이 삐죽 섰어.

"야, 야, 야. 너 말이야, 감히 내게 욕을……."

하지만 수염왕이 말을 마칠 사이도 없이, 차돌이의 욕이 수염왕의 말을 막아 버렸어.

"%&*$@ @#&*&%$#%&&%$##%&*$@ @#&*&%$#%&&%$##%&*$@ @#&*&%$#%&&%$##."

수염왕은 뒤로 한 발짝 물러섰어. '어쩌다 내가 이런 꼬맹이에게 욕을 듣는 신세가 됐을까.'

울고 싶었어.

끝날 것 같지 않던 차돌이의 욕이 겨우 잦아들었어. 하지만 차돌이는 아직 화가 덜 풀렸는지, 발을 쿵쿵 구르더니, 교실 문을 뻥 차고 나가 버렸어.

수염왕은 그런 차돌이를 멍하니 바라보고만 있었어.

"선생님."

수염왕이 뒤돌아보자, 진실이와 링고가 걱정스러운 표정으로 서 있었어.

"차돌이는 어제, 복지관에 안 와서 아이스크림을 못 먹었거든요. 사실 책 읽기 수업엔 아예 안 들어오는데, 오늘은 선생님이 아이스크림 사줄 줄 알고 온 거예요. 그런데 선생님이 안 사 주신다니까……. 아무튼 선생님께 화가 난 건 아닐 거예요."

진실이는 빙그레 웃으며 수염왕을 위로했어.

"그런가?"

수염왕은 다리에 힘이 풀려, 의자에 털썩 앉았어. 그러자 링고가 수염왕의 무릎에 기어올라 앉았어. 그리고 수염왕을 빤히 바라보며 책을 가리켰어.

"응? 아, 그래. ……내가 해야 할 일이니까, 책은 읽어야겠지."

'휴우.' 수염왕은 한숨을 쉬며 《톰 소여의 모험》을 읽었어. 책을 읽다 보니, 나빴던 기분이 점점 좋아졌어. 수염왕의 품속에서는 링고가 새근새근 숨소리를 내며 잠이 들었지.

"이런 고약한 녀석을 봤나, 비싼 내 옷에 침을 흘리다니."

수염왕은 투덜거렸지만, 링고를 깨우지는 않았어. 링고가 안긴 품이 참 따뜻했어.

"선생님, 이 책도 읽어 주세요."

진실이가 가방에서 동화책을 꺼냈어. 수염왕은 다시 책을 읽었어.

"수염왕 선생님, 아이들에게 동화를 들는 조건으로 아이스크림

을 사 주셨다면서요?"

관장 선생님이 수염왕을 관장실로 불렀어.

"네? 그, 그걸 어떻게……?"

"아이들이 다른 선생님께도 아이스크림을 사 주지 않으면 수업을 듣지 않겠다고 떼를 쓰고 있어요."

'대한이, 이 녀석! 다른 선생님께는 비밀이라고 분명히 말했는데.'

수염왕이 중얼거렸어.

"아이들에게 뭔가를 해주겠다는 대가를 걸어서 가르치면, 나중엔 아이들이 뭔가를 주지 않으면 스스로 하지 않게 돼요."

수염왕은 아무 말 없이, 고개를 푹 숙였어. 그래야 관장 선생님의 잔소리가 끝날 것 같았거든.

"다시는 이런 일이 없어야 합니다. 아시겠죠? 그리고 교실 청소하시고 나서 마당도 청소해 주세요. 낙엽이 많이 쌓였네요. 그만 나가 보세요."

수염왕은 얼굴이 빨개져서 관장실을 나왔어. 반성은커녕, 대한이가 정말 괘씸할 뿐이었지.

수염왕은 법을 어겨서 법원에서 사회봉사 명령을 받았어요. 사회봉사 명령은 무엇인가요?

법을 어겨서 법원에서 죄가 있다고 결정된 범죄자는 법에 따라 벌을 받지? 교도소에 갇히거나 벌금을 내야 해. 그런데 청소년이 법을 어겼거나, 크지 않은 죄를 지은 범죄자에게는 교도소에 가두거나 벌금을 내는 대신, 예전과 같은 생활을 계속하면서 사회에 도움이 되는 일을 하도록 하는 제도가 사회봉사 명령 제도야. 법원에서 정한 시간 동안, 돈을 받지 않고 사회에 봉사하면서 잘못에 대한 대가를 치르는 거야.

관장 선생님이 '소수자'는 사람 이름이 아니라고 했어요. 그럼 소수자는 누군가요?

소수자는 한자로 少數者라고 써. 말 그대로 해석을 하면, 적은 수의 사람을 말하지. 《꼬불꼬불나라의 정치 이야기》에서 다수결의 원칙을 알아봤지? 어떤 일을 결정할 때, 많은 사람이 선택한

생각으로 결정하는 방법을 다수결이라고 하잖아. 그때 다수에 속하지 않은 사람을 소수자라고 하지.

그런데 소수자는 육체적, 문화적인 특성 때문에 다른 사람들과 차이가 있고, 그래서 차별을 받는 사람을 말하기도 해. 이야기에서 관장 선생님이 말한 '소수자'도 다른 사람들과 차이가 있다는 이유 때문에 차별받는 사람을 말하지. 장애인, 여성, 외국인 배우자, 이주 노동자, 양심적 병역 거부자, 성적 소수자 등이 있어.

또 그 수가 아무리 많아도 어떤 차이 때문에 차별받는다고 느끼면, 그 사람도 소수자야. 남아프리카공화국은 인구의 4분의 3이 피부색이 검은 흑인, 4분의 1이 백인이야. 흑인을 대놓고 차별하던 정책들이 사라지고 있다고는 해도, 여전히 백인이 흑인보다 소득이 6배나 높고 정치, 경제, 사회에 더 큰 힘을 발휘하지. 남아프리카공화국의 흑인은 자신이 피부색 때문에 차별을 당하고 있다고 여기지. 이처럼 수가 아무리 많아도 어떤 차이 때문에 차별을 당한다고 느끼고, 실제로 차별을 당한다면 그 사람은 소수자야.

tip

'성적 소수자'라는 말은 들어봤을 거야. 대부분의 남자, 여자와 조금 차이가 있는 사람들을 말하지. 남자의 몸으로 태어났지만 자신을 여자라고 생각하는 사람 혹은 그 반대인 사람이 있어. 남자인데 남자를 좋아하고, 여자인데 여자를 좋아하는 사람도 있지. 이런 사람들을 성적 소수자라고 해.

수염왕의 인권 노트

소수자는 차별을 받는 사람이다.
소수자는 차별을 당한다고 느끼는 사람이다.
(내가 왕이었을 때, 왕은 오직 나 한 명이었지만, 난 소수자가 아니었어. 내가 제일 권력이 강했으니까.)

잠깐 코너

차이와 차별

***차이:** 서로 다름
***차별:** 등급을 나누어 차이가 있게 구별함

★ **세상에 나와 같은 사람이 있을까?**

　모든 사람은 다 달라. 같은 날 태어난 쌍둥이조차도 외모가 같을지는 몰라도 성격, 능력 등이 다르지. 세상에 나와 같은 사람은 아무도 없는 거야. 모든 사람이 '차이'가 있고, 서로 다른 것은 당연한 거지. 그런데 신체, 문화, 경제력, 권력의 차이 때문에 차별을 받는 사람들이 있어. 앞에서 함께 살펴본 '소수자'야.

★ **지금 우리가 사는 이 사회에서는 어떤 사람을 차별하고 있을까?**

남자인지 여자인지, 장애가 있는지 없는지, 나이가 어린지 많은지, 선진국 사람인지 후진국 사람인지, 피부색이 얼마나 어두운지, 어떻게 생겼는지, 어느 단계의 학교까지 다녔는지, 이성애자인지 동성애자인지, 병에 걸린 적이 있는지 등에 따라 사람을 구분하고 차별하지.

★ **그럼, 소수자를 구분하는 기준은 공정하고 과학적인 '사실'일까?**

아니, 소수자를 구분하는 기준은 대부분 엉터리야. 심지어 시대에 따라 달라지기도 하지. 절대적이고 합리적인 기준이 아니라는 거야. 인종차별을 예로 알아보자. 미국은 노예제도가 있었어. 아프리카에서 살던 흑인을 강제로 납치해서 미국의 백인이 노예로 부렸지. 백인들은 주장했어. 피부색이 검은 흑인은 머리가 나쁘고 미개하며 성격도 포악하다. 그러니 영리하고 선진 문명을 가진 백인이 흑인을 지배하고 노예로 부리는 것은 당연하다. 그러고는 흑인의 뇌가 백인보다 작은 것이 그 증거라고 했어. 그런데 황인의 뇌가 백인보다 크다는 사실이 밝혀지고 나서, 그 주장은 슬그머니 사라졌지. 미국의 44, 45대 대통령인 버락 오바마를 보며, 흑인이 백인보다 열등하다고 말하는 사람은 없을 거야.

　다른 예도 찾아보자. 외국인 이주 노동자가 차별을 당하는 경우가 있어. 이주 노동자는 자기가 살던 나라를 떠나 다른 나라에서 일하는 노동자를 말해. 한국에서 일하는 이주 노동자에 대해, 한국 사람도 직장을 구하지 못하는데 외국인이 한국인의 일자리를 빼앗는다고 화를 내는 사람이 있어. 한국 사정을 잘 모르는 외국인 노동자를 괴롭히는 사람도 있지. 그런데 이상하게도, 외국에서 일하는 한국 사람이 차별당했다는 소식을 들으면 화가 나잖아. 우리나라에서 일하는 이주 노동자는 차별하면서, 한국 사람이 외국에서 차별을 당하면 분노하는 거지. 우리도 외국에 나가 일하는 외국인 이주 노동자가 될 수 있어. 그런데 그 나라 사람들이 내가 외국인이라는 이유 때문에 차별한다고 생각해 봐. 그런 차별을 당연하다고 생각할 수 있을까? 이처럼 우리가 당연하다고 생각하며 사람을 차별하는 것은 대부분 근거가 없어.

　어떤 친구는 이렇게 생각할지도 몰라. 나와 다른 사람이 싫고 불편한 것은 당연한 일이라거나, 능력에 따라 사람을 차별하는 것은 마땅하다고 말이야. 내가 어떤 사람을 더 좋아하거나 나와 다르다고 생각되는 사람을 불편해할 수는 있어. 하지만 그것이 사회

제도나 법으로 정해져서, 그 사람들을 차별하는 게 옳은 일이 되어서는 안 돼. 언제든 우리도 소수자가 되어 차별을 받을 수 있어. 사람은 모두 달라. 다 차이가 있지. 하지만 모든 사람이 똑같은 것이 있어. 바로 모든 사람에게는 동등한 인권이 있고, 행복해질 권리가 있다는 거야.

수염왕과 악동들의 대결

장애 | 장애인 차별금지법

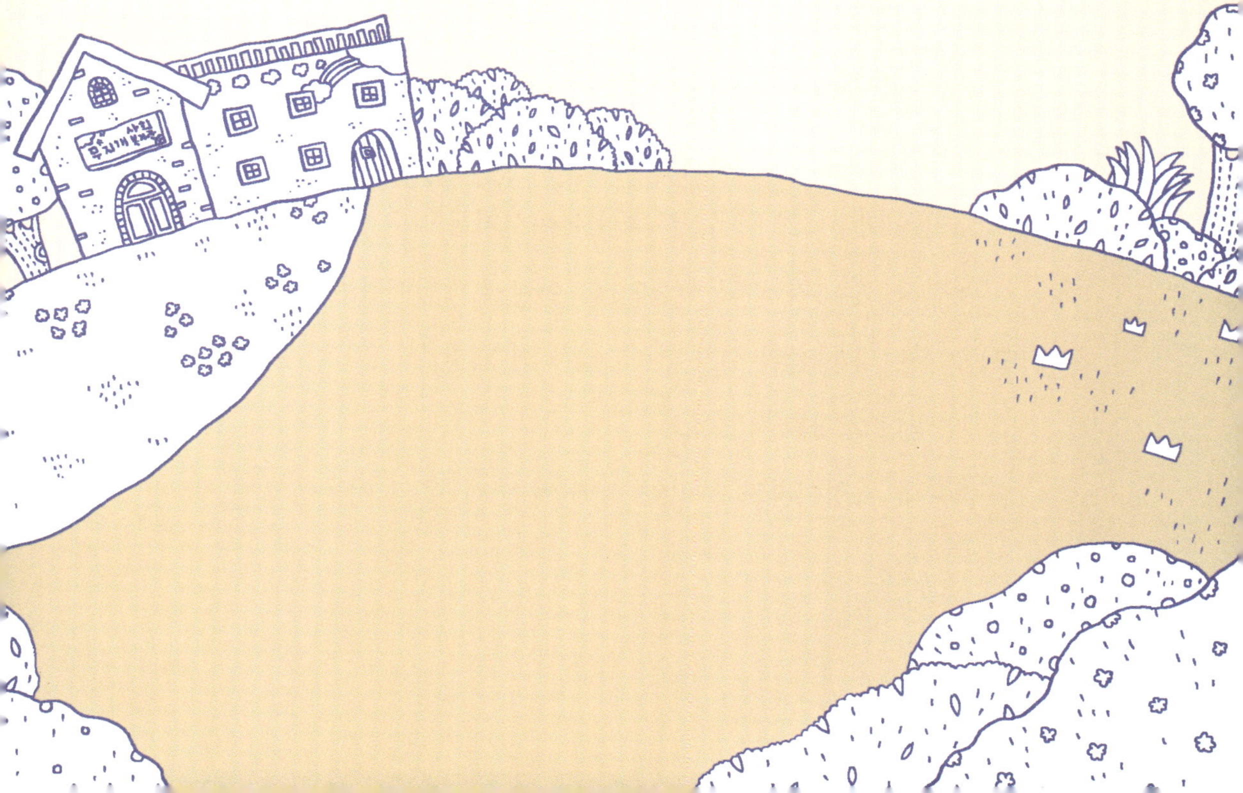

윤다정 선생님이 풀이 죽은 수염왕을 보고 말을 걸었어.

"수염왕 선생님. 언젠가는 아이들도 선생님의 진심을 알고 마음을 열 거예요."

"대한이 고 녀석은 우리나라 사람도 아닌 것 같은데, 왜 여기에 다녀서 날 괴롭히지?"

"대한이는 우리 꼬불꼬불나라 사람이에요."

"그게 무슨 소리야? 우리랑 완전히 다르게 생겼잖아?"

"대한이 어머니가 검은진주나라 분이시거든요."

"어쩐지. 엄마가 외국 사람인데, 어떻게 대한이란 녀석이 우리 꼬불꼬불나라 사람일 수가 있나? 말도 안 되지."

수염왕이 고개를 저었어.

"다문화 가정이라도 우리와 함께 살면 다 우리 이웃이고 친구

죠. 겉모습이 조금 다르지만, 대한이도 우리 꼬불꼬불나라의 아이예요."

"흥! 말도 안 돼. 아무튼, 대한이만 문제가 아니라, 그 차돌이란 녀석도 문제가 많아. 나한테 욕을 하더라고. 그 두 녀석은 심술쟁이인 게 분명해."

"두 아이 모두 정이 얼마나 많은데요. 복지관에서 함께 지내다 보면, 수염왕 선생님도 아시게 될 거예요."

수염왕은 윤다정 선생님이 대한이와 차돌이의 편을 들자 기분이 나빴어. 윤다정 선생님이 수염왕의 얼굴을 살피며 말을 계속했어.

"수염왕 선생님, 그 아이들은 처음 만난 사람을 경계하는 것뿐이에요. 처음 만난 사람을 경계하는 건 우리도 마찬가지잖아요."

"난 처음 만난 사람을 경계하지 않아. 누구나 나를 좋아하고 칭찬할 테니까 말이야."

"호호호. 선생님은 정말 재미있으세요."

"아이들이 나를 무시하는 건, 내가 관장 선생님이 아니기 때문일 거야. 이 수염왕이 겨우 책 읽는 선생님이라니……. 이건 말이 안 돼, 암, 말도 안 되고말고."

"아니에요. 책을 읽어 주는 게 아이들에게 얼마나 중요한 일인

데요. 우리 복지관에는 아직 글 읽기가 익숙하지 않은 친구들이 있어요. 다문화 가정의 아이, 장애가 있는 아이도 있고요."

"링고란 꼬마가 붉은꽃나라의 전통 치마를 입고 다니더군. 그 옷만 아니면 우리 꼬불꼬불나라 아이랑 똑같아 보일 텐데. 남자아이에게 왜 치마를 입히나 몰라."

수염왕은 자신에게 안겨 잠이 들었던 링고를 떠올리며 말했어.

"호호호. 링고가 그 옷을 얼마나 좋아하는데요. 저도 링고가 붉은꽃나라의 전통 옷을 입는 것이 보기 좋던데요? 링고는 꼬불꼬불나라와 붉은꽃나라의 문화를 자연스럽게 접하잖아요."

"뭐, 링고는 착한 것 같고 꼬불꼬불나라 사람처럼 생겼으니까 괜찮아. 그런데 이 복지관에 장애가 있는 아이가 있다고?"

"차돌이가 청각 장애가 있는 건 이미 아시죠? 그리고 진실이는 시각 장애가 있어요."

"진실이가? 진실이는 앞이 안 보이는데 어쩜 그렇게 자연스럽게 행동하지?"

수염왕은 놀랐어.

"그건 복지관에는 장애 시설이 잘되어 있으니까요. 계단이랑 턱을 없애서 걷기 편하게 만들었어요. 복도에는 잡고 다닐 수 있는

긴 봉을 설치했고요. 점자 유도 블록도 깔았답니다."

"점자 유도 블록? 아! 그 올록볼록한 블록?"

수염왕은 관심 없이 지나쳤던 복지관의 장애 시설을 떠올려 보았어.

"하지만 아직 많이 부족해요. 복지관까지 오는 길에는 여전히 장애인에게 위험한 것이 많으니까요."

수염왕은 복지관 마당에 쌓인 낙엽을 쓸며 윤다정 선생님의 말을 떠올렸어.

'착한 진실이가 시각 장애아라니. 그래서 진실이가 동화책을 읽어 달라고 했구나. 그래, 앞으로 내가 재밌는 책을 많이 읽어 줘야지.'

수염왕이 마당 청소를 마치고 들어오니, 도서실이 난장판이었어. 책꽂이에 있어야 할 책이 몽땅 꺼내져서 바닥에 뒹굴고, 교실 바닥과 유리창엔 크레파스, 물감으로 낙서가 가득했지. 장난감도 흩어져 있고 의자도 여기저기에 쓰러져 있었어.

"이게 뭐야? 분명히 내가 마당을 청소하기 전에 교실부터 청소했는데."

수염왕은 깜짝 놀랐어. 하지만 빈 교실에는 수염왕뿐이었지. 수염왕은 이를 뿌드득 갈며 다시 청소했어. 대걸레와 손걸레를 몇 번이나 빨아서 뽀득뽀득 소리가 나도록 교실 바닥과 유리창을 닦았어. 책들을 책꽂이에 꽂고, 장난감과 의자를 제자리에 두었지. 청소를 끝내고 허리를 펴자, 우두두두둑 소리가 났어.

"아이고 허리야. 청소도 끝났으니 내가 깨끗하게 청소한 마당에 나가서 좀 쉬어 볼까."

수염왕은 슬리퍼를 벗고 구두로 갈아 신었어. 구두가 폭신폭신 했어.

'오? 구두가 폭신폭신해졌네?'

수염왕은 구두를 신고 폴짝폴짝 뛰어보았어. 폭신폭신한 느낌이 좋았어.

"응? 근데 이건 뭔가…… 발바닥이 좀 축축한 것 같은데?"

수염왕이 이상해서 구두를 벗으려 하자, 구두에 껌이 붙어서 쭈욱 늘어났어.

"이게 뭐야, 껌이잖아? 누가 내 멋진 구두에 껌을 넣었어?"

수염왕은 껌을 끊으려고 발을 높이 들었지만, 껌은 점점 더 늘어나기만 했어. 할 수 없이 쪼그리고 앉아 양말을 벗고, 구두 안에

껌을 떼어 냈어. 손가락에 껌이 붙어 찐득거리고 손톱에도 껌이 끼었어. 정말 찝찝했지. 대충 껌을 떼어 내고 마당에 나왔는데, 이번엔 마당에 낙엽이 가득했어.

"뭐야? 마당은 또 왜 이래?"

그 순간, 수염왕의 머리에 은행잎이 쏟아졌어. 수염왕이 고개를 들자, 은행나무 가지에 앉은 차돌이가 보였어. 차돌이는 껌을 질겅질겅 씹으며, 열심히 은행나무 가지를 흔들어 잎을 떨어뜨리고 있었어.

"야, 걸렸어. 튀어!"

어안이 벙벙해서 입만 뻐금거리는 수염왕 뒤에서 대한이 목소리가 들렸어. 수염왕이 뒤돌아보자, 대한이가 감나무에서 뛰어내리는 게 보였어.

"이, 이, 이, 이런 못된 녀석들! 깨끗하게 청소한 마당에 이게 무슨 짓이야? 이 녀석들, 감히 내가 누군 줄 알고!"

수염왕은 화가 나서 펄쩍펄쩍 뛰었어. 하지만 대한이와 차돌이는 이미 나무에서 뛰어내려 복지관 밖으로 도망친 뒤였지.

"예쁜 구석이라곤 손톱에 낀 껌만큼도 없는 녀석들, 고얀 녀석들! 잡히기만 해봐라, 엉덩이에 불이 나게 해줄 테다!"

수염왕은 멀리 달아나는 아이들을 향해 고래고래 소리를 질렀어.

다음 날이 되었어. 수염왕은 아이들에게 읽어 줄 책을 골랐어. 대한이와 차돌이에게 아직도 화가 나 있었지.

"수염왕 선생님, 오늘은《얼굴 빨개지는 아이》를 읽어 주세요."

진실이가 수염왕의 손을 잡으며 말했어.

수염왕은 깜짝 놀라서 얼른, 진실이가 잡은 손을 뺐어. 그리고 퉁명스럽게 말했어.

"어떤 책을 읽을지는 이 수염왕 선생님이 정하는 거야."

"네. 그래도 전부터《얼굴 빨개지는 아이》를 읽고 싶었거든요."

"너는 시각 장애가 있어서 어차피 책을 못 읽잖아?"

수염왕의 말에 진실이의 어깨가 움찔했어. 하지만 곧 밝게 웃으며 말했어.

"눈으로는 못 읽어도, 저도 책을 읽는 방법이 있답니다."

그때 어디선가 딱딱한 지우개가 날아와 수염왕의 뒤통수를 맞췄어. 딱!

"악!"

수염왕은 머리를 감싸며, 뒤를 휙 돌아보았어. 하지만 아이들은 아무 일도 없는 척, 시치미를 뗐지.

'분명 대한이나 차돌이 녀석일 거야. 이 녀석들, 두고 봐라!'

수염왕은 뿌드득 이를 갈았어.

수염왕은 아이들에게 《얼굴 빨개지는 아이》를 읽어 주었어. 책을 읽으면서도 대한이와 차돌이에게 복수할 방법을 열심히 궁리했지.

'맞아. 적을 이기려면, 우선 적에 관해 몽땅 알아야 해. 그래, 오늘부터 당장 저 두 녀석을 조사해 봐야지.'

수염왕은 감나무 뒤에 숨어 있다가, 대한이와 차돌이가 복지관 밖으로 나가자 몰래 뒤따라갔어. 아이들이 몰라보게 노란 모자를 푹 눌러쓰고 하트 무늬가 새겨진 마스크도 썼지.

두 아이는 발로 벽을 차기도 하고 달리기 시합도 하며 신나게 뛰어갔어. 골목길을 돌아, 학교 앞 문구점으로 들어갔어. 수염왕은 골목길에서 얼굴만 빼꼼 내민 채 아이들을 지켜보았어. 곧 손에 게임 카드를 들고 대한이와 차돌이가 문구점을 나왔어. 그때 맞은편 학교에서 또래로 보이는 아이들이 몰려나왔어.

"야, 김대한!"

아이들이 대한이를 불렀어. 하지만 대한이는 못 들은 척했어. 그러자 아이 중에 민영이가 소리쳤어.

"야, 김대한. 우리가 부르는 거 안 들려? 역시 외국 사람이라 우리말을 못 알아듣는구나?"

"아냐, 한차돌한테 귀머거리병 옮아서 그래."

옆의 아이들이 키득거리며, 민영이와 손바닥을 마주쳤어.

그러자 대한이의 얼굴이 붉어졌어. 차돌이는 무슨 영문인지 모르는 듯, 대한이와 아이들을 번갈아 보았어. 그러자 민영이가 이번엔 차돌이를 향해, 손가락으로 귀를 막는 시늉을 했어. 눈동자를 굴리며 입을 뻐끔거렸어. 그것을 보고, 차돌이가 민영이를 향해 돌진했어. 순식간에 머리로 민영이를 들이받아 버렸어.

"으악!"

민영이가 얼굴을 가린 채 뒤로 넘어졌어. 옆의 아이들이 놀라 민영이를 둘러쌌어.

"야, 너 피 나. 어떡해."

"피? 으아아앙."

민영이가 데굴데굴 구르며 울기 시작했어.

하지만 차돌이는 화가 안 풀렸는지, 다른 아이들을 발로 차려고 했어. 그러자 대한이가 차돌이를 말렸어.

"어른들 오기 전에 도망가자."

두 아이는 달아났어. 민영이 일행에게서 멀리 떨어지자, 차돌이가 민영이를 흉내 냈어. 손등으로 눈물을 훔치며 엉엉 우는 시늉을 했지.

민영이가 차돌이와 대한이에게 소리쳤어.

"이 귀머거리, 연탄 새끼. 내일 학교에서 보자. 각오해."

하지만 차돌이는 어깨를 으쓱하더니 대한이와 어깨동무를 하며 천천히 걸어갔어.

'이럴 줄 알았어. 역시 대한이와 차돌이, 저 녀석들은 못된 녀석들이야.'

숨어서 지켜보던 수염왕이 중얼거렸어. 하지만 두 아이가 놀림을 당하는 것은 싫었어.

수염왕은 복지관으로 돌아왔어.

복지관에서 맛있는 음식 냄새가 솔솔 퍼지고 있었어.

'이건 음식 냄새잖아? 나만 빼고 자기들끼리 맛있는 거 먹나?'

수염왕이 코를 킁킁거리며 중얼거렸어.

"수염왕 선생님, 저희랑 같이 저녁 급식 드실래요? 보호자가 늦게 퇴근하는 아이들이나 어르신들을 위해 저녁 급식을 하거든요."

마침 주방에서 나오던 윤다정 선생님이 수염왕을 발견하고 말했어.

"호~ 그래? 앞으론 여기서 저녁도 먹어야겠네."

수염왕은 집에서 비싼 음식만 먹었지만, 왠지 맛이 없었어. 충성스런 개 세바스찬이 있었지만, 식사 시간은 늘 심심했지.

복지관 식당에는 아이들과 어르신들이 저녁밥을 먹고 있었어. 진실이와 링고도 있었어.

"책, 책."

링고가 수염왕을 가리켰어.

"수염왕 선생님? 선생님, 여기 앉으세요."

진실이가 수염왕 쪽으로 몸을 돌렸어. 그리고 손으로 더듬더듬 빈 의자를 찾아 자기 옆으로 끌었어.

"너희 부모님은 밖에서 뭘 하기에 너희 저녁밥도 안 챙겨 준다냐? 애들은 부모가 해 주는 밥을 먹어야 쑥쑥 크는데 말이야."

"복지관에서 급식 먹어도 쑥쑥 잘 커요. 이제 수염왕 선생님도

여기서 급식 드시니까, 키다리 아저씨처럼 쑥쑥 크실 거예요."

진실이의 농담에 수염왕이 크크큭 웃었어.

"우와! 선생님 웃음소리는 처음 들어요. 역시 저는, 다른 사람을 웃게 하는 행복 전도사라니까요."

진실이가 싱긋 웃었어. 진실이가 웃자, 수염왕도 덩달아 웃음이 났지만 얼른 딴청을 피웠어.

'진실이랑 링고는 착하지만, 절대 친해져서는 안 돼.'

수염왕은 복스럽게 저녁을 먹는 진실이와 링고를 바라보며 중얼거렸어.

"참, 그런데 말이야. 혹시 다른 애들이 너를 놀리지는 않냐? 잘 안 보인다고?"

민영이 일행이 대한이와 차돌이를 놀리던 일을 떠올리며 수염왕이 진실이에게 물었어.

"가끔 발을 걸어서 넘어지게 하거나, 앞이 안 보인다고 놀리는 애도 있어요. 과학실로 이동해서 수업할 때, 아이들이 교실 문을 잠가서 못 나간 적도 있고요."

"이런 고약한 일이 있나, 너를 괴롭히고 놀리다니. 나, 수염왕은 도저히 용서할 수가 없구나!"

수염왕은 숟가락을 휘두르며 소리를 질렀어.

"저는 괜찮아요. 그건 다, 그 애들이 철이 없어서 그런 거니까요. 선생님이 이해하세요."

진실이는 아무렇지 않은 듯, 웃었어.

"너를 놀리고 괴롭히는데도 괜찮다는 거냐?"

"그 애들은 제가 자기들이랑 다르다고 생각해서 저를 놀리죠. 하지만 세상에 똑같은 사람이 어디 있어요? 키가 큰 사람, 작은 사람, 쌍꺼풀이 있는 사람, 없는 사람, 달리기를 잘하는 사람, 그림을 잘 그리는 사람……, 다 다르잖아요. 저도 그저 눈이 안 보이는 게 다른 아이들이랑 다를 뿐이에요."

"너는 나이도 어리면서, 아는 것도 많다. 그럼 학교에서 다른 불편한 일은 없었냐?"

"음…… 여름방학 끝나고 개학해서 학교에 갔는데요, 갑자기 중앙 현관에 있던 계단이 없어진 거예요. 저희 반은 3층에 있어서 계단으로 올라가야 하는데 말이에요. 알고 보니 방학 동안 계단을 없애고 건물 끝에 경사로를 만든 거였어요. 어휴, 그때 얼마나 놀랐던지."

진실이가 킥킥 웃었어.

"저처럼 시각 장애가 있거나 다리가 불편한 아이들을 위해 계단을 경사로로 바꾼 건데, 전 그것도 모르고……."

하지만 수염왕은 당황했을 진실이를 생각하자, 기분이 좋지 않았지.

 **시각장애인은 정말 불편할 것 같아요. 볼 수 있다면, 학교 계단이 없어져도 새로 만든 경사로를 금방 찾았을 텐데요.**

그래. 진실이가 장애가 없었다면 당황할 필요도 없고 금방 문제를 해결했을 거야. 하지만 '장애가 없었다면…….'이라고 생각하는 건 소용없는 일이겠지? 그럼 어떻게 했으면 진실이가 당황하지 않고 교실까지 편하게 올라갈 수 있었을까? 맞아, 학교에서 미리 진실이에게 계단을 공사했다고 알리거나, 진실이를 경사로로 인도했으면 됐을 거야.

진실이네 학교가, 장애인에게 불편한 계단을 비탈길로 바꾼 것은 참 다행스러워. 전체 학생 중에 장애가 있는 학생은 거의 없는데도, 장애가 있는 몇 명의 학생을 위해 학교에서 계단을 바꾼 거니까 말이야.

그런데 정말 장애인이 몇 명 없는 걸까? 그렇지는 않아. 대한민국 인구, 약 5082만 명 중에 등록된 장애인만 약 252만 명(2011년 12월 기준)이야. 100명 중에 5명 정도는 장애가 있는 셈이지. 그런데도 우리 주위에는 장애인이 별로 없는 것 같아. 왜 그럴까?

그건 장애인이 집 밖으로 나와서 활동하기가 어렵기 때문이야. 휠체어를 타는 장애인이 계단을 내려올 수 있을까? 시각장애인이 자동차가 쌩쌩 달리는 길을 건널 수 있을까? 청각장애인이 버스나 지하철의 안내 방송, 차 경고음을 들을 수 있을까? 장애인에게 위험하고 불편한 것이 참 많아. 그렇다고 장애인은 안전한 집에만 있어야 할까?

그렇지 않아. 장애인을 위한 시설을 제대로 갖추고 장애인을 배려한다면, 장애가 있든 없든 상관없이 도든 사람이 쉽게 어울려 살 수 있어. 진실이가 무지개 복지관에서에게 자유롭고 안전하게 지내는 것처럼 말이야. '장애'는 조금 더 불편하고 조금 더 느릴 수는 있어도, 아무것도 할 수 없다는 것은 아니니까 말이야.

장애가 있는 친구를 놀리는 아이들이 있어요. 사실 저도 장애인을 만나면 어떻게 해야 할지 모르겠고요.

대한민국에 장애인이 약 251만 명이라고 했지? 그런데 그

중에는 태어나면서부터 장애가 있었던 사람은 겨우 12퍼센트 정도야. 장애인의 88퍼센트는 살면서 병에 걸리거나 사고를 당해서 장애가 생긴 사람들이지. 누구나 장애가 생길 수 있다는 거야. 나도, 여러분도 장애인이 될 수 있지.

그런데도 장애인을 자기와 다른 사람이라고 생각하는 사람이 있지. 자기보다 못난 사람이라고 무시하거나 불쌍한 사람이라고 동정하지. 곁에 오지 못하게 피하는 사람도 있고 말이야. 그래서 장애인을 가장 힘들게 하는 것은 장애 그 자체보다, 사람들의 차별이야.

누구나 장애인이 될 수 있다고 했지? 선생님의 사촌 동생은 집에 가는 길에, 공사장에서 떨어진 철근에 맞아 지체장애인이 되었어. 하지만 장애인이 되었어도 여전히 사촌 동생일 뿐이지. 여러분도 마찬가지일 거야. 가족이나 친구가 장애가 생겼다고 해도, 여전히 여러븐의 가족, 친구니까. 그러니 장애인을 만나도 비장애인과 마찬가지로 자연스럽게 대하면 돼. 장애인이 도와 달라고 하면, 도와주면 되지. 비장애인이 도와 달라고 할 때 돕는 것처럼 말이야.

장애인도 비장애인과 동등한 권리가 있어. 자유롭게 다닐 수 있는 권리, 일할 권리, 교육을 받을 권리. 안전할 권리 등이 있지. 무엇보다 모든 사람과 마찬가지로 존엄한 존재야.

수염왕의 인권 노트

장애인을 가장 힘들 게 하는 것은 다른 사람의 차별이다. 불쌍하다고 동정하고, 자기보다 못한 사람이라 무시하는 것이다.
(불쌍한 진실이! 이렇게 착하고 똑똑한데……. 아니야, 장애는 동정받을 일이 아니야. 단지 조금 불편한 것뿐이라고, 그럼!)

잠깐 코너

어떤 행동이 차별일까?

장애인 차별 금지법, 장애인을 위한 최소한의 노력

장애인은 비장애인(장애인이 아닌 사람)과 비교해서 차별을 당하는 예가 많아.

"나는 장애인을 차별한 적 없어요."

친구 대부분은 그럴 거야. 하지만 장애인이 차별을 겪는 상황은 아주 다양해. 일부러 장애인을 차별하기도 하지만, 자기도 모르게 차별을 하는 경우도 많아. 어떤 행동이 장애인을 차별하는 행동일까?

1. **직접 차별** 장애인을 비장애인과 구별하고 따돌리거나 불리하게 대하는 거야.

2. **간접 차별** 장애인을 평등하게 대하는 것처럼 보이지만, 실제로는 비장애인과 같은 기준을 적용해서 장애인을 불리하게 만드는 거야.

3. 정당한 편의시설을 제공하지 않는 차별 정당한 이유 없이 장애인 등에게 편의를 제공하지 않는 거야.

4. 광고에 의한 차별 공공연하게 장애인을 차별하도록 부추기는 거야.

장애인이 차별당하는 사례가 참 많지? 차별이라고 생각하지 않았던 행동이 차별인 경우도 있고, 장애인이 차별받는 것을 당연하게 생각한 상황도 있을 거야. 장애인을 차별하는 것은, 이제 법으로 금지되었어. 2012년부터 '장애인 차별 금지법'을 시행되고 있지. 위에 예를 든 차별의 종류도 장애인 차별 금지법에서 차별이라고 정한 내용이고.

장애인을 차별하지 못하게 법을 만들고, 법이 무서워서 장애인을 차별하지 않는 것은 최소한의 방법일 뿐이야. 정말 중요한 것은, 장애인을 '자신과 동등한 권리를 가진 소중한 이웃'으로 대하는 거야.

심술쟁이 할머니를 만나다

노인 문제 노인을 위한 유엔 원칙

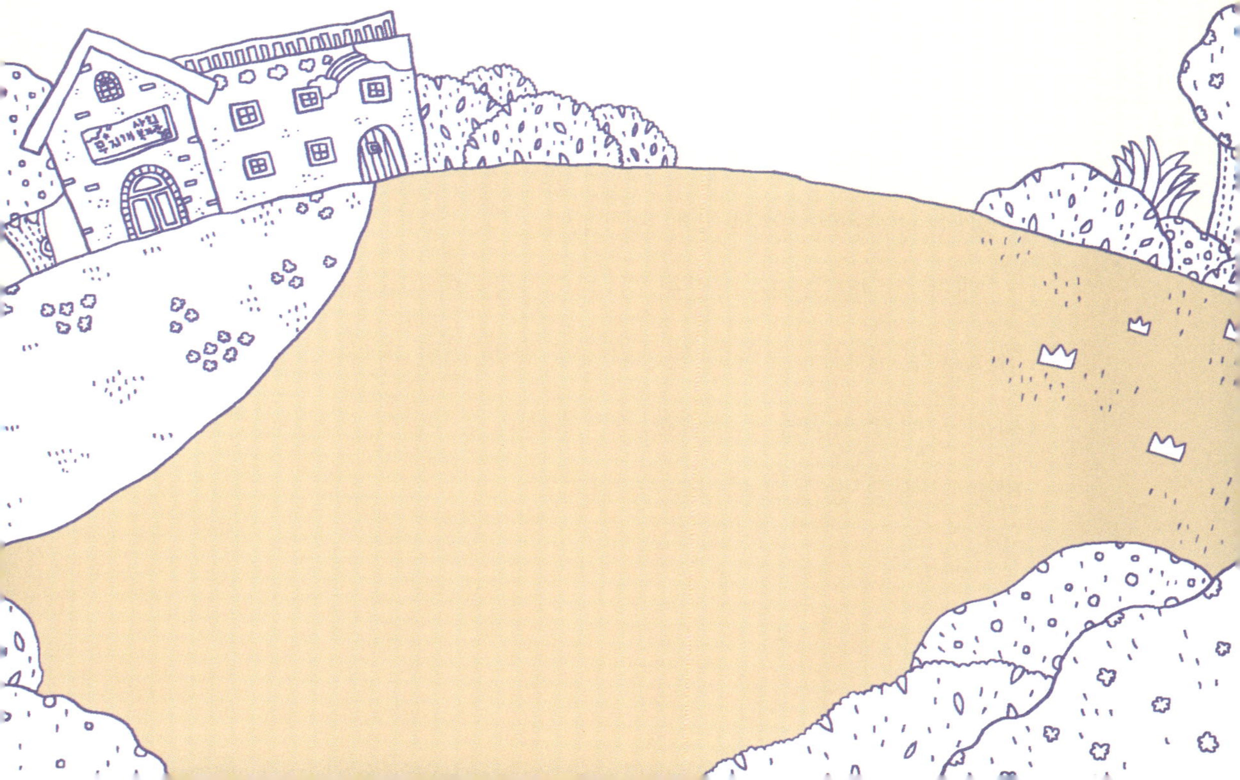

"젊은이. 나 좀 도와줘."

허리가 기역 자로 휜 할머니가 지팡이로 수염왕의 등을 툭툭 쳤어.

"이것 좀, 우리 집까지 가져다줘. 무거워서 들고 갈 수가 없네그려."

"싫어요."

"싫어? 호옹~. 자네, 여기에서 봉사하는 벌을 받았다지?"

할머니는 수염왕에게 바짝 다가섰어.

"내가 이 복지관에 13년째 다니는 사람이야. 날 안 도와주면, 자네가 날 못살게 군다고 관장님에게 일러 버릴 거야. 그럼 관장님은 자네가 사회봉사 명령을 무시했다고 생각할걸. 그러니 잔말 말고 이 짐을 잘 들고 따라와, 알았지?"

할머니는 보자기에 싼 짐을 가리키더니, 수염왕의 대답을 기다리지도 않고 복지관을 나섰어. 수염왕은 할 수 없이 짐을 들고 할머니를 뒤따랐어. 짐은 아주 무거웠어. 이마에 땀이 송골송골 솟고 어깨가 빠질 듯 아팠어. 할머니는 큰길 사이에 난 좁은 골목으로 들어갔어. 골목길 끝자락에서 오른쪽으로 돌아 새로운 골목으로, 그 길이 끝날 즈음엔 다시 왼쪽으로 돌았어.

수염왕은 헉헉 숨이 턱에 차서 어느 집 앞 계단에 주저앉았어. 앞서 가던 할머니는 보이지도 않았지.

"에고, 힘들어. 도대체 그 할머니는 누굴까? 어디로 가신 거냐고? 아니야. 나야말로, 여기서 뭘 하는 걸까, 여긴 어딜까?"

수염왕은 주위를 둘러보았어. 그때 딱! 하고 지팡이가 수염왕의 머리를 내리쳤어.

"아이코!"

수염왕이 머리를 감쌌어.

할머니는 지팡이로 수염왕을 가리키며 말했어.

"요즘 젊은이들은 문제가 많아, 문제가. 도대체가 힘든 일은 도통 안 하려고 한다니까. 꾀만 부리고 말이야."

"아이고 할머니. 이 짐이 얼마나 무거운데요? 그리고 제가 워낙

젊어 보여서 그렇지, 저도 나이가 적지는 않다고요."

"젊은 녀석이 징징거리기는. 얼른 일어나! 짐이 무거우면 머리에 이면 될 거 아냐."

할머니는 다시 앞장서서 걷기 시작했어. 수염왕은 '저런 심술쟁이 할머니는 처음이야.'라고 투덜거렸지만, 짐을 머리에 이고 할머니를 따라갈 수밖에.

한참을 걸어가니 더는 집들은 보이지 않고 넓은 공터가 나타났어. 할머니는 계속 걸어갔어. 바싹 마른 풀이 듬성듬성 자란 길을 가로질러 다시 한참을 걸었어.

"여기야. 짐을 들고 오느라 자네가 고생했네."

할머니는 작은 집을 가리켰어. 주위에 아무도 살지 않는 외떨어진 집이었지. 작은 마루는 한쪽이 무너져 기우뚱했고, 비닐하우스처럼 비닐을 두른 낡은 집이었어. 마당 한편에 폐지와 빈병, 찌그러진 빈 캔이 쌓여 있고 그 옆엔 낡은 수레가 있었어.

수염왕은 삐걱거리는 방문을 열었어. 신문지를 겹쳐 바른 벽에는 옷이 몇 벌 걸렸고, 작은 액자도 몇 개 걸려 있었어. 푸짐한 잔칫상을 앞에 두고 할머니와 가족들이 함께 찍은 사진, 젊은 부부가 아기를 안은 사진이었어.

"저 애는 누구예요?"

수염왕이 예쁘장하게 생긴 아이의 유치원 졸업사진을 가리키며 물었어.

할머니는 얼른 사진을 가리며 화를 냈어.

"상관 말고, 얼른 가, 어여!! 짐 내려놓고 가라고."

할머니는 수염왕에게 손사래를 치며 몰아냈어. 그리고 방문을 쾅 닫아 버렸지.

"정말 고약한 할머니네. 고생고생하며 그 무거운 짐을 여기까지 가져다줬는데, 고맙다는 말 한마디를 안 하고."

수염왕은 투덜거리며 걸었어. 공터를 지나 한참을 걸어 마을에 도착했어. 그런데 좁고 꼬불꼬불한 길이 사방으로 연결되어서 곧 길을 잃고 말았어. 미로 같이 복잡한 길을 헤매느라, 다리에 힘이 다 빠졌지. 어깨, 머리, 목도 아프고, 눈물이 쏟아질 지경이었어. 그런데 어디선가 아이들의 목소리가 들렸어.

수염왕은 소리를 따라갔어. 대한이, 차돌이가 보였어. 아이들은 자동차 옆에서 주위를 살피고 있었어.

'저 녀석들이 차에서 뭔가 훔치려는 거 아냐?'

수염왕은 살금살금 아이들에게 다가갔어.

"다리가 아파. 좀 앉아야지."

차에 가려 안 보였던 진실이와 링고가 주저앉는 모습이 보였어.

"너희 뭐 하는 거냐, 남의 차 옆에서?"

수염왕이 물었어.

"상관 마요. 우리가 뭘 하든."

대한이가 앞으로 나서며 대답했어.

"이 고얀 녀석. 그렇지 않아도 심술쟁이 할머니 때문에 몸도 아프고 기분도 꽝인데, 너까지 이러냐?"

그러자 진실이가 일어나며 말했어.

"선생님. 이 차 안에 강아지가 갇혔어요. 답답하고 무서워서 울어요. 그런데 주인이 안 와요. 우리가 아까부터 기다렸거든요."

"너희가 도울 수도 없으면서 뭐 하러 여기서 기다리냐?"

"우리가 같이 있으면 강아지가 안 무서울 거 같아서요. 그래도 수염왕 선생님을 만났으니 정말 다행이에요. 선생님이 도와주실 거죠?"

진실이는 안심한 표정으로 수염왕 쪽을 보고, 링고는 수염왕에게 찰싹 붙었어.

"그, 그야, 나 수염왕은 백성을 도와주는 훌륭한 왕……이었으니까."

수염왕은 자동차를 둘러보았어. 앞 유리창에 차 주인의 연락처가 적혀 있었어.

"여기 전화번호 있네."

수염왕이 그 번호로 전화를 걸어서, 차 주인에게 '차 안에 갇힌 강아지를 풀어주라.'라고 말했어. '당장 안 오면, 동물 학대로 신고할 거야.' 이렇게 덧붙이고 전화를 끊었지.

"와!"

아이들이 수염왕을 보며 환호성을 질렀어. 수염왕은 우쭐했지만, 아무렇지 않은 척했어.

"수염왕 선생님, 제가 복지관 가는 길 알려드릴게요."

진실이가 수염왕의 팔을 잡았어.

"넌 아까 다리가 아프다고 했잖아. 내가 갈게."

대한이가 나섰어.

하지만 수염왕은 차돌이와 함께 갔어. 진실이와 대한이가 서로 수염왕을 복지관으로 안내하겠다고 나서는 사이, 차돌이가 앞장서 가 버렸거든.

수염왕과 차돌이는 아무 말 없이 걸었어. 차돌이는 복지관이 보이는 곳까지 오자, 수염왕의 등을 톡톡 치더니 복지관을 가리켰어. 그리고 휙 돌아섰어.

수염왕은 "야, 야." 하며 다급하게 차돌이의 어깨를 잡았어. 몸을 숙여 차돌이의 얼굴을 바라보며 한 글자씩 천천히 말했지.

　"고, 맙, 다."

　차돌이는 얼굴을 살짝 붉히더니, 하얀 이가 다 드러나도록 씩 웃었어. 그러곤 오던 길로 달려갔어.

　'어쩌면 저 아이들은 날 좋아하는지도 몰라. 날 괴롭힌 건, 나에게 관심을 받고 싶어서고. 크크크.'

　수염왕은 멀어져가는 차돌이를 보며 활짝 웃었어.

 심술쟁이 할머니 댁에 가족사진이 있었어요.
그런데 할머니는 혼자 사시는 것 같아요.

그래, 심술쟁이 할머니는 혼자 사시는 것 같아. 심술쟁이 할머니뿐 아니라 혼자 사는 노인의 수가 점점 늘고 있어. 우리나라에서 혼자 사는 노인은 2012년에는 112만 4000명이었는데, 2030년에는 282만 명이나 될 거라고 해.

많은 사람이 농사를 짓던 시대에는 대가족이 많았어. 할아버지 할머니, 자식 부부, 그리고 손자 손녀 들이 함께 살았지. 그때는 노인은 집안의 큰어른으로, 마을의 어른으로 존경을 받았어. 그런데 과학, 산업이 발전하면서 산업화 사회가 되자 많은 사람이 농촌을 떠나 도시로 이동했지. 사회는 하루가 다르게 변하고 말이야. 노인의 경험과 지혜보다는 새로운 정보와 기술, 지식이 더 가치를 인정받게 되었어.

태어난 동네에서 가족과 평생 함께 살던 사람들이, 지금은 직장·학교 등을 찾아서 뿔뿔이 흩어졌어. 결혼한 자녀는 부모에게서 독립해서 새 가정을 꾸리지. 자연스럽게 나이 든 부모를 모시고 살아야 한다는 생각은 사라지고 있어. 그러다 보니 노인 중 절

반이 자식들과 떨어져서, 노인 부부만 살거나 혼자 살고 있어.

 **할머니, 할아버지도 혼자 사시면 심심하실 것 같아요. 무서우실 것 같고요.**

그래, 혼자 산다면 참 외로울 것 같지? 이 책을 읽는 어린이는 가족과 함께 살고, 학교에 가면 친구를 많이 만나. 어른들도 회사에 다니며 동료를 만나고, 친구와 이웃을 만나지. 그런데 노인은 직장을 다니는 경우가 아주 드물고, 몸이 아파서 집 밖으로 나오기 어려울 수도 있어. 다른 사람과 함께 지내는 시간이 적지. 혼자 사는 노인은 집에서도 혼자 있으니 더욱 외로울 거야.

　노인이 겪는 문제 중에 가장 심각한 것이 경제적인 어려움이야. 노인 대부분이 직장에서 은퇴하고 일을 할 수 없으니 경제적으로 어려운 경우가 많아. 또 몸이 아픈 것도 큰 문제지. 우리나라 65세 이상 노인 100명 중 87명이 만성질환을 앓고 있대. 또 특별히 할 일이 없는 것도 큰 어려움이지. 아무것도 안 하고 놀면 좋을 것 같지? 하지만 하루, 이틀…… 1년, 10년, 20년을 특별히 하는 일이

없이 지내도 좋을까? 앞에서도 말했지만 사람은 사회 속에서 다른 사람과 어울려 사는 존재야. 그것은 다른 말로 하면 각자 자기 역할을 하면서 산다는 거야. 그런데 역할이 없어지면 다른 사람과 어울려 살기가 어렵게 되지.

음, 자식이 2명 있는 어떤 부부를 예로 들어보자. 부부는 직장에서 사장, 과장 등의 직책을 맡아서 일을 해. 집에서는 남편, 아내 그리고 아이들의 부모 노릇을 하지. 사회단체나 종교 단체에도 열심히 참여하면서 어떤 임무를 맡았지. 그렇게 수십 년이 지나서 부부는 할머니, 할아버지가 되었어. 그사이에 자식은 다 커서 독립하고 노인 부부만 살았지. 그러다 할아버지가 돌아가셨어. 직장은 이미 은퇴해서 더는 돈을 벌 수가 없으니 홀로 된 할머니는 경제적으로 어려워. 할머니는 몸이 아프니 외출을 해서 사람들을 만날 수도 없어. 사람들과 어울려 살 기회가 점점 줄어들고 대부분은 할머니 혼자 집에 있지.

그 외에도 노인들의 겪는 어려움은 많아. 주위 사람들에게 학대를 당하는 예도 있고 사회는 계속 변하는데, 그에 관한 정보를 얻지 못해서 불편한 일도 있지. 어린아이도 사용하는 인터넷을 70대 노인은 100명 중 9명 정도만 사용한다고 해.

물론 노인이라고 해서 다 경제적으로 어렵고, 건강하지 않고, 외롭게 사는 것은 아니야. 젊은 사람 못지않게 왕성하게 활동하고 이웃을 도우며 사시는 분도 많아. 하지만 더 많은 노인이 행복하게 살려면 사회복지 제도를 잘 갖춰서 노인의 경제, 건강의 문제를 도와야 해. 그리고 가족과 이웃의 관심이 필요하지.

수염왕의 인권 노트

문명이 발달하면서 사람은 더 오래 살게 되었다. 그와 함께 노인 문제도 늘어났다. 노인 문제는 지금의 노인들만 겪는 문제가 아니다. 우리는 모두 늙는다.

(지금부터 노년의 생활을 준비해야지. 빈곤은 저축으로 예방하고, 건강은 운동으로 미리미리 준비하고, 일이 없어지는 문제는 죽을 때까지 왕수염회사의 사장을 하면 될 거야. 앗! 외로움은 어쩌지?)

잠깐 코너

노인을
위한
유엔 원칙

대한민국은 고령화 사회야. 고령화 사회는 나이가 65세 이상인 인구가 전체 인구에 7퍼센트 이상인 사회를 말하는데, 대한민국은 2000년부터 이미 고령화 사회가 되었어. 고령화는 대한민국뿐 아니라 전 세계의 현상이기도 해. 그래서 유엔에서는 1991년에 〈노인을 위한 유엔 원칙〉을 발표해서 노인의 권리, 노인이 누려야 할 생활의 기준을 제시했어. 그럼 유엔에서 발표한 〈노인을 위한 유엔 원칙〉으로, 노인이 누려야 할 최소한의 생활이 어떤 것인지 알아볼까?

노인을 위한 유엔 원칙

1. 독립

노인이 독립적인 생활을 할 수 있어야 한다. 그러려면 생활에 필요한 의식주를 보장받고 건강을 보호받아야 한다. 취업 등으로 소득을 얻는 기회와 취업을 위한 정보, 교육을 받아야 한다. 안전한 곳에서 살아야 하고 가능한 오랫동안 가정에서 살 수 있어야 한다.

2. 참여

노인도 젊은 사람과 함께 사회에 참여할 수 있어야 한다. 그들의 생활에 영향을 미치는 결정에 참여해야 하고, 사회에 봉사할 기회가 있어야 한다. 또한, 노인을 위한 단체를 만들어 활동할 수 있어야 한다.

3. 보호

노인은 몸과 마음이 건강하도록 다양한 보호를 받아야 한다. 노인이 보호를 받는 것은 당연한 권리이며 보호를 받을 때에도 노인의 권리와 자유는 존중받아야 한다.

4. 자아실현
노인은 능력을 개발할 기회가 있어야 하며, 여가생활을 즐길 수 있어야 한다.

5. 존엄
모든 노인은 존엄한 존재로 대우받아야 한다. 학대를 당하면 안 되고, 안전하게 생활할 수 있어야 한다.

(노인을 위한 유엔 원칙은 5개 원칙과 18개의 구체적인 내용으로 이루어져 있어요.)

4

수염왕, 아이들과 화해하다

다문화 가정 다문화 가정이 겪는 어려움은 무엇일까?

수염왕은 발걸음도 가볍게 복지관으로 향했어. 오늘은 아이들이 학교에 가지 않는 토요일이라, 아침부터 아이들이 복지관에 나오거든. 서둘러 걷느라고 발이 꼬여서 비틀거리면서도 빨리 복지관에 도착하고 싶었어.

복지관 근처에 오자, 아이들이 모여 있었어. 민영이와 그 친구들도 보였어.

"아, 아, 아니야. 서, 서, 서연이 네가 오, 오, 오해한 거야."

대한이는 서연이에게 쩔쩔맸어.

"거짓말하지 마. 네가 학교 화장실에 '서연♥대한'이라고 썼잖아. 그리고 김대한, 말 좀 똑바로 해, 어휴 답답해!"

"아, 아, 아니야. 나, 나, 나 말, 잘, 잘, 잘해."

"그, 그, 그, 그래?"

서연이가 대한이를 흉내 내며 말했어. 서연이 뒤에 있던 아이들이 '푸핫하하' 웃었어.

"너는 5학년이면서 우리말도 잘 못하고. 부끄럽지도 않니?"

대한이는 얼굴만 붉힌 채, 발끝으로 길바닥을 톡톡 찰 뿐이었어.

"지서연, 너야말로, 친구를 놀리는 게 부끄럽지도 않아?"

대한이 뒤에서 진실이가 앞으로 나섰어.

"뭐, 뭐라고?"

"그것 봐. 너도 당황하니까 말을 더듬게 되지? 그러니까 대한이 흉보지 마."

진실이의 말을 듣고, 서연이가 당황해서 움찔 뒤로 물러났어.

"진실이 너, 왜 서연이한테 그래. 서연이가 뭘 잘못했다고. 내 일에 참견하지 마."

대한이가 진실이를 옆으로 밀며 말했어.

"서연아, 기분 나빠하지 마. 진실이가 뭘 몰라서 그러니까."

"됐어. 말 더듬는 너랑 아주 잘 어울리네. 참 보기 좋다."

대한이가 자기들 편을 들자, 서연이가 의기양양하게 말했어.

대한이와 서연이의 말을 듣고, 진실이는 눈물이 나려는 것을 겨

89

우 참았어. 그리고 서연이와 아이들을 노려봤어.

"우하하하. 쟤가 째려본다, 째려봐! 보이지도 않으면서 째려보면 어쩔 거야."

민영이가 진실이를 놀렸어. 그러자 다른 아이들도 진실이와 대한이 등을 놀렸어.

"끼리끼리 잘 놀아라. 김대한은 까맣고, 고진실은 눈이 안 보이고."

"요 꼬맹이는 우리말도 잘 못하고, 남자면서 치마를 입잖아."

민영이가 링고가 입은 치마를 들쳤어.

"놔둬. 쟤네들은 우리랑은 다르니까."

서영이가 복지관 아이들을 비웃었어.

"너희들, 복지관에 안 들어가고 여기서 뭐하냐?"

수염왕이 복지관 아이들을 불렀어.

"야, 빨리 가자."

수염왕이 나타나자, 서연이와 민영이 일행이 달아났어. 복지관 아이들도 우르르 복지관 안으로 몰려 들어갔어. 진실이만 고개를 푹 숙인 채 남았어.

"진실아."

수염왕이 진실이 앞에 서자, 진실이가 와락 수염왕에게 안겼어. 그리고 울음을 터뜨렸어. 수염왕은 당황해서 팔자수염이 동그랗게 말렸지만, 그냥 가만히 있었어. 한참이 지나, 진실이가 울음을 그쳤어. 그러고는 수염왕을 올려다보며, 싱긋 웃었어.
　"밝은 진실이로 변신 끝!"
　진실이는 복지관으로 들어가려다 말고, 수염왕을 돌아보았어.
　"선생님. 제가 운 거, 대한이한테는 비밀이에요, 비밀!"
　수염왕은 말없이 진실이에게 고개를 끄덕였어.

　책 읽기 시간이 되었어. 수염왕은 책 대신, 아침에 가져온 상자를 들고 교실로 향했어.
　"오늘은 참 조용하구나. 드디어 너희가 이 수염왕 선생님을 존경하기 시작한 거겠지?"
　수염왕은 아이들을 둘러보았어. 평소라면, 수염왕의 잘난 척에 야유를 퍼부었을 텐데, 오늘은 아이들 모두 고개를 푹 숙인 채, 아무런 반응이 없어. 대한이와 차돌이도 오늘은 조용했지. 수염왕은 조금 멋쩍어서 흠흠. 헛기침을 했어.
　"너희에게 오늘 이 수염왕 선생님이, 깜짝 선물을 준비했다. 짜

잔, 선물은 바로 이 상자 안에 있지."

수염왕은 일부러 과장해서 상자를 아이들 앞으로 내밀었어.

그러자 아이들 몇몇이 관심을 보였어.

"상자 안에 뭐가 들었는데요?"

"하하하! 아마 깜짝 놀랄걸. 자, 링고가 열어 봐라."

링고가 상자를 열더니, 환호성을 질렀어.

"강아지!"

그러자 아이들이 우르르 상자 앞으로 몰려왔어.

"강아지 진짜 귀엽다."

"쉿, 강아지 자잖아."

아이들이 웅성거리는 소리에, 강아지가 깼어.

왈왈.

"강아지가 짖네."

"그럼 강아지가 짖지, 우리처럼 말을 하겠냐?"

아이들은 신이 나서 종알댔어.

"선생님이 너희를 위해, 직접 유기견 보호소에 가서……."

"유기견이 뭐예요?"

누군가 물었어.

"유기견이란 말이야, 음…… 유기된 견이라는 뜻이겠지? 아무튼, 오늘부터 이 강아지는 복지관에서 살 거다. 너희가 잘 보살펴 줘야 한다."

"제가 밥을 줄게요."

한 아이가 손을 번쩍 들었어. 그러자 다른 아이들도 저마다, 산책을 시켜주겠다, 목욕을 시키겠다, 같이 놀아 주겠다며 나섰지.

"강아지 이름을 지어요."

진실이가 말했어.

"그렇지, 그렇지. 근데 말이다, 내가 미리 생각한 강아지 이름이 있는데 말이야. 이 수염왕처럼 사랑스럽다는 뜻에서, '수랑이'가 어떠냐?"

"말도 안 돼요. 선생님은 전혀, 하나도, 절대 사랑스럽지 않잖아요."

대한이의 말에 아이들이 "맞아, 맞아." 하며 고개를 끄덕였어.

"고얀 녀석들. 내가 데리고 온 강아지니까 내 이름을 꼭 넣어야 해. 그리고 내가 너희를 위해 어렵게 강아지를 데리고 왔으니, 나를 칭찬해 줘야지. 안 그래? 자, 나에게 박수!"

수염왕은 아이들에게 잘해 주려던 마음도 잊고, 고집을 부렸어.

그러자 아이들이 수염왕에게 손뼉을 치며 까르르 웃었어.

"좋아요. 그럼 선생님 말씀대로, 수랑이라고 해요."

대한이의 말에 아이들이 고개를 끄덕였지.

아이들은 강아지를 어떻게 키울지 의논했어. 초등학생들이 학교에 있는 동안에는 링고와 또래 아이들이 수랑이를 돌보기로 했어. 당번을 정하고 나서, 아이들은 수랑이를 데리고 복지관 앞마당에서 뛰어놀았어.

"아이들이 정말 좋아하네요. 수염왕 선생님, 참 훌륭하세요."

윤다정 선생님이 마당에서 강아지와 노는 아이들을 보며 말했어.

"흠흠. 그야, 나는 원래 훌륭하니까."

수염왕은 팔자수염을 꼬며 잘난 척했어.

"그런데 저번부터 좀 이상했는데 말이야. 대한이는 복지관에선 대장 노릇을 하지만, 다른 아이들한테는 기가 죽는 것 같더라고. 왜 그러지?"

"아, 그건…… 대한이가 학교에서 심한 일을 당했기 때문일 거예요. 담임선생님이 안 계신 사이에, 아이들이 '우리 반에서 제일

재수 없는 애를 뽑자.'라고 했대요. 그런데 반 아이들이 모두 대한이를 뽑았다네요. 그것도 모자라서 교실 뒤로 끌고 가서 대한이를 막 때렸다더군요."

"뭐? 어떻게 그런 일이 있을 수 있나!"

수염왕은 충격을 받았어. 팔자수염이 부르르 떨렸지.

"그러게요. 반 아이들에겐 그저 장난이었겠지만, 친구들이 투표하는 동안, 대한이가 얼마나 가슴을 졸였겠어요. 그런데다 맞기까지 했으니. 대한이는 그 일로 충격을 받아서 한동안 우울증 치료까지 받았어요."

"부모가 꼬불꼬불나라 사람이건 검은진주나라 사람이건, 그게 무슨 상관이야? 겨우 그런 것 때문에 사람을 괴롭히다니."

수염왕도 대한이를 처음 만났을 때는, 대한이를 꼬불꼬불나라의 아이라고 생각하지 않았어. 하지만 지금은 다른 아이들처럼 대한이를 꼬불꼬불나라의 아이라고 생각하지. 아니, 지금은 아이들이 어느 나라사람인지는 중요하지도 않았어. 수염왕은 정말 오랜만에 가슴이 찌르르 아파졌어.

 **링고와 대한이네 가족이 다문화 가정이래요. 다문화 가정이 뭐예요?**

다문화 가정은 국적이 서로 다른 남녀가 결혼해서 만든 가정이야. 이야기 속에서 링고의 아버지는 꼬불꼬불나라 사람이고 링고의 어머니가 붉은꽃나라 사람인 것처럼 말이야. 하지만 앞으로 함께 알아볼 다문화 가정은, 부부 중 한 사람은 대한민국 국적인 사람이고 다른 한 사람은 다른 나라 사람인 가정이야.

대한민국 국적을 가진 사람과 외국인과의 국제결혼은 1990년대부터 갑자기 늘어나서, 최근에는 결혼하는 8쌍의 부부 중에 1쌍은 국제결혼을 하는 다문화 가정이야. 2012년을 기준으로 대한민국에 사는 외국인은 126만여 명이고, 다문화 가정 사람은 약 22만 명이야.

그럼 대한민국에서 태어난 다문화 가정의 아이들은 몇 명일까? 전체는 15만 명이 넘고, 그중에 학교에 다니는 학생은 4만 명 정도야. 특히 농촌에 다문화 가정이 많은데, 어떤 농촌 학교는 학생의 절반 정도가 다문화 가정의 아이라고 해. 다문화 가정과 다문화 가정의 어린이에게 관심을 두는 이유이기도 하지.

 윤다정 선생님이 '다문화 가정의 아이들은 우리말과 글을 배우는 게 조금 어렵다.'라고 했어요. 그런데 말은 저절로 알게 되는 것 아닌가요?

와, 아주 날카로운 지적이구나. 맞아. 우리 대부분은 말을 저절로 배우게 되지. 우리는 태어나면서부터 말을 들어. 가족과 주변 사람이 하는 말을 듣고, 텔레비전 방송이나 음악, 동화책의 이야기를 듣게 되지. 그러면서 저절로 말을 배우고 할 수 있게 되고.

그런데 아이는 부모와 함께 있는 시간이 가장 많잖아. 그러니 아이들이 말을 배우는 것은 부모의 영향이 가장 크지. 그런데 엄마나 아빠가 한국어에 서툴면 어떨까? 아이도 한국어를 배우는 게 어려울 거야.

특히 부모가 외국인이라서 한국어를 잘하지 못하면 아이에게 한국어를 가르치기 어렵겠지. 그래서 다문화 가정의 아이 중에는 한국어에 서툰 아이들이 있어. 말이 서툴거나, 한국어를 읽고 쓰는 것이 서툴기도 하지.

학생이 읽고 쓰는 것이 서툴면 공부하기가 어려워. 교과서를 잘

읽지 못하면 그 내용을 이해하지 못하니까. 선생님의 말씀을 잘 들을 수 없으면 이해하기 어렵겠지. 물론 다문화 가정의 어린이가 다 한국어를 잘 말하지 못하고, 읽고 쓰는 것에 서툰 것은 아니야. 오히려 한국어뿐 아니라, 외국인 부모에게 자연스럽게 외국어와 외국 문화를 배운 어린이도 많아.

사람은 여럿이 어울려 살아. 사람들은 서로 말로 자기 생각을 말하고 다른 사람의 생각을 듣지. 그런데 말이 서툴면 다른 사람과 어울리기 어렵고, 생활하는 것도 불편해져. 때로는 위험하기까지 하지.

어떤 외국인이 머리가 아팠어. 그래서 동료에게 머리가 아플 때 어떤 약을 먹는지 물어봤지. 그랬더니 '펜잘'을 먹으라는 거야. 그 외국인은 약국에 가서 말했어.

"벤잘 주세요."

그 말을 듣고, 약사는 벤졸을 줬어. 펜잘은 약이지만 벤졸은 사람에게 아주 해로운 공업 물질이야.

머리가 아팠던 이 외국인은 벤졸을 먹었고 오히려 몸이 더 아파졌지. 이처럼 사람들과 말을 주고받을 수 있는 능력은 매우 중요해.

그래서 다문화 가정의 외국인 부모와 아이들에게 한국어를 교육하는 것은 꼭 필요한 일이야. 그래야 다문화 가정이 한국에 더 쉽게 적응해서 다른 사람들과도 더 잘 어울려 살 수 있고, 다문화 가정의 아이들이 건강하게 자랄 수 있을 테니 말이야.

수염왕의 인권 노트

다문화 가정이란 국적이 서로 다른 사람이 결혼해서 만든 가정이다. 한국 사람과 베트남 사람이 결혼하는 것도 다문화 가정이고, 미국 사람과 일본 사람이 결혼하는 것도 다문화 가정이다.

(내가 꼬불꼬불나라의 왕이었을 때는 다문화 가정이 별로 없었는데 말이야. 역시 요즘은 세계화, 국제화 시대라니까.)

잠깐
코너

다문화 가정이 겪는 어려움은 어떤 것이 있을까요?

　대한민국 다문화 가정이 늘고 있다고 했지? 그런데 다문화 가정이 늘어나는 상황에 비해, 그 준비는 부족한 것 같아. 이런저런 문제가 생기고 있어.

　앞에서 알아본 것처럼, 가장 대표적인 문제는 말과 글이 서로 통하지 않는 거야. 우리나라에 사는 외국인은 대부분 한국어를 전혀 모른 채 한국에 와. 말이 안 통하니 직업을 구하기 어려워. 직업을 구한다고 해도 일은 고되고, 급여는 적기 일쑤야. 그러니 가

정 살림은 늘 빠듯하지. 더 큰 문제는 다문화 가정의 부모가 겪는 이런 어려움이 자녀에게까지 이어진다는 거야.

다문화 가정의 언어 소통 문제를 해결하려면, 쉽고 체계적인 한국어 교육이 필요해. 실제로 정부, 지방자치단체, 학교, 사회단체 등에서 다문화 가정을 위해 한국어를 교육하고 있어.

다문화 가정을 어렵게 하는 문제 중에, 한국인의 편견과 차별이 있어. 한국인과 다른 말과 글을 사용하고 외모가 다른 사람을 차별하는 거야. 한국에서 태어난 다문화 가정의 자녀까지 외모가 다르거나 부모가 한국인이 아니라고 해서 차별하지. 그런 마음속에는 '한국인은 단일민족'이고 외국인, 외모가 다른 사람은 한국인이 될 수 없다는 생각이 있지. 그래서 다문화 가정의 사람을 자신과 다른 사람이라고 구분하고 미워하는 거야.

또 다문화 가정의 사람을 가난한 나라에서 한국으로 돈을 벌려고 온 사람, 가난한 나라에서 한국으로 결혼해서 온 사람이라고 단정 짓기도 하지. 다문화 가정의 사람들을 무조건 '불쌍한 사람', '가난한 사람'이라고 생각하는 거야. 나보다 못한 사람이니까, 내가 도와줘야 하는 사람이라고 생각하지. 나는 아무 잘못도 없고, 다른 사람처럼 열심히 살고 있는데, 다른 사람이 나를 불쌍한 사람이라고 동정하면 어떨까? 기분이 나쁘겠지.

한편으로는 다문화 가정의 외국인들에게 한국의 문화만 강요하기도 해. '못사는 나라'의 말과 문화는 무시해야 하고, 한국의 말을 배우고 한국 문화와 풍습을 따르라고 강요하지. 만약 내가 외국에서 살게 되었는데, 그 나라 사람들이 나에게 자기네 말만 쓰라고 하고, 한국 음식은 먹지 말라고 하면 어떨까? 나를 피하거나 내 뒤에서 숙덕거리며 나를 불쌍한 사람이라고 생각한다면?

다문화 가정의 사람들을 어떻게 대해야 할지 모르겠다면, 이렇게 한번 생각해 보자. '내가 만약 다문화 가정의 사람이라면? 다문화 가정의 사람이 만약 나라면?' 해답은 그리 어렵지 않을 거야.

tip

자신의 모국어를 가르치는 다문화 가정의 엄마들

다문화어린이도서관 '모두'에서는 이중언어를 교육하고 있어요. 12개 나라의 말로 된 책 7,000여 권을 소장하고 있지요. 다문화 가정의 엄마들은 '모두'에서 자기 아이들에게 엄마 나라의 말로 된 책을 읽어 주며 모국어를 교육해요. 한국어와 자신의 모국어(외국어)를 함께 교육하는 거예요.

자꾸만 관심이 생긴다

다문화 사회 차별받을 만한 이유가 있다고?

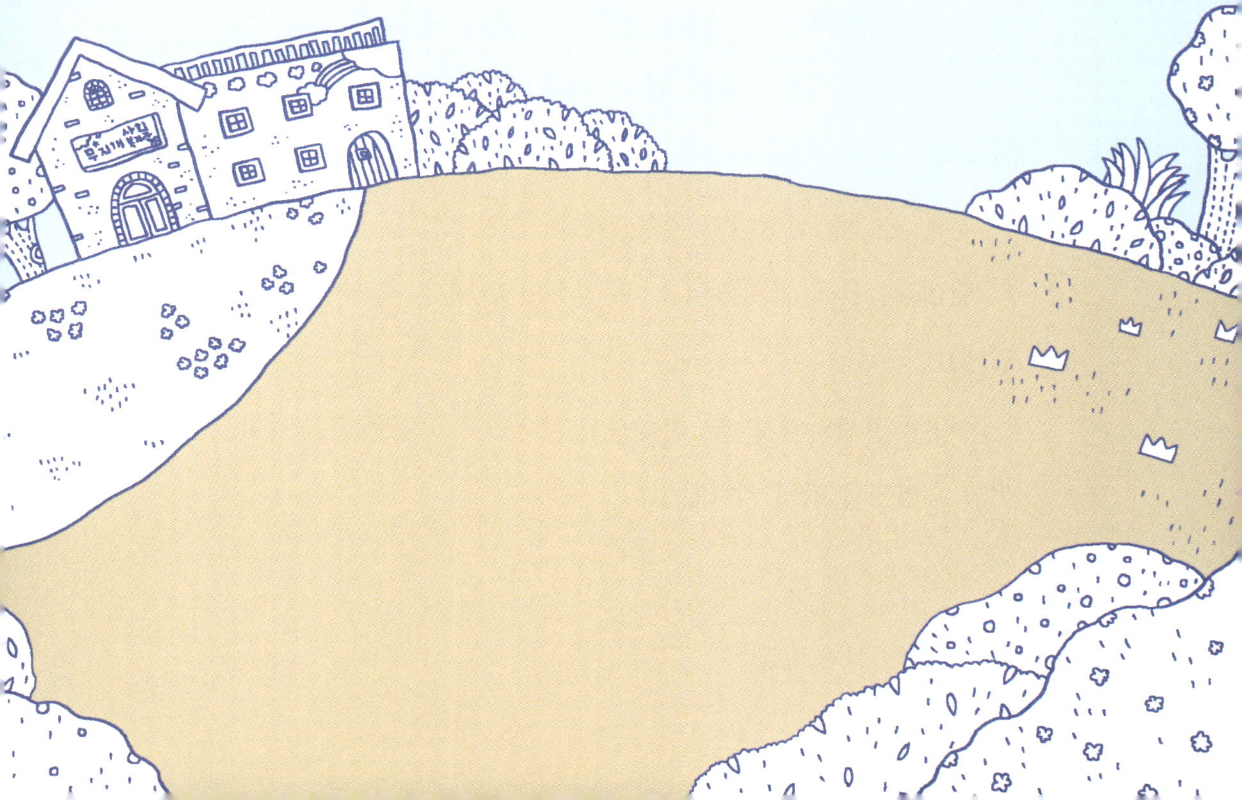

"이것 봐, 수 선생!"

수염왕이 교무실 의자에 앉아 졸고 있는데, 누군가 수염왕의 등을 지팡이로 콕콕 찔렀어. 뒤돌아보자, 막무가내로 보따리를 맡겼던 심술쟁이 옹고집 할머니가 수염왕을 보며 씩 웃고 있었지. 수염왕은 너무 놀라서 의자에서 벌떡 일어났어. 잠이 확 달아났지.

"무, 무, 무슨 일이에요. 왜 또 이래요?"

수염왕은 슬금슬금 뒤로 물러났어.

그때, 윤다정 선생님이 음식이 담긴 종이 가방을 들고 왔어.

"할머니, 음식 가져왔어요. 무거우니까 제가 댁까지 가져다 드릴게요."

윤다정 선생님의 말에, 심술쟁이 할머니가 고개를 흔들었어. 그리고 수염왕을 빤히 쳐다봤어.

"전 바빠서요."

수염왕은 쌩~ 도서실로 달아나 버렸어.

그날은 토요일이라 수염왕이 일찍 퇴근을 하는데, 마당에 심술쟁이 할머니가 앉아 계셨어. 옆에는 음식이 담긴 종이 가방이 놓여 있었지.

'어휴 저 심술쟁이 할머니에게 걸렸다간, 또 저 짐을 댁까지 들어다 드려야겠지?'

수염왕은 심술쟁이 할머니 몰래 살금살금 걸었어. 그런데 할머니가 좀 이상한 거야. 코를 훌쩍이며 멍하니 앉아계셨지.

"할머니 울어요? 제가 짐을 안 들어줘서 삐치신 건 아니죠?"

수염왕은 심술쟁이 할머니 옆에 앉으며 물었어.

"울긴!"

심술쟁이 할머니가 손등으로 눈을 슥 문지르며 말했어.

"여기서 음식을 싸 주면, 염소 할머니랑 나눠 먹었어. 그 할머니가 예전엔 염소를 200마리나 키웠어. 잘살았지. 그런데 아들 사업을 돕는다고 염소를 몽땅 팔았는데 자식이 망했거든. 그러니 아들은 엄마 볼 면목 없다고 안 오고, 계속 염소 할머니 혼자 살았지. 나처럼 말이야."

"그래서요?"

"그런데 며칠 전에 가 보니까 죽었더라고. 혼자 그렇게 죽었더라고. ……어이구!"

심술쟁이 할머니는 한숨을 깊게 내쉬었어.

"나도 염소 할머니처럼 혼자 죽겠지. 아무도 내가 죽었는지도 모를 거야, 그렇지?"

심술쟁이 할머니는 수염왕을 보며 쓴웃음을 지었어.

수염왕은 뭐라도 대답을 해야 할지 몰랐어. 그래서 가만히 듣고만 있었지.

"죽기 전에 내 딸이랑 우리 손녀 한 번 볼 수나 있을까? 아냐, 아냐. 다 내 욕심이지. 어디서든 자기들만이라도 잘 살면 됐지."

심술쟁이 할머니는 혼잣말했어.

"수 선생. 혹시 내가 여러 날 안 보이면, 우리 집에 한번 들러 줘. 나도 늙어서 언제 어떻게 될지 모르니까 말이야."

심술쟁이 할머니가 수염왕에게 당부를 한 뒤, 음식 가방을 들고 일어났어.

"가방, 저 주세요. 제가 들어 드릴게요. 할머니도 참, 제가 가방 안 들어줄까 봐 괜히 불쌍한 척하시는 거죠?"

수염왕은 심술쟁이 할머니 손에서 음식 가방을 뺏어서 앞장섰어.
'어휴, 이 할머니는 당할 수가 없다니까'
투덜거리면서도 마음이 무거웠지.

요즘 수염왕은 마음이 복잡해. 머리도 지끈지끈 아프고.
'사람에게 관심을 두면 애정이 생기고, 애정이 생기면 귀찮은 일에 엮인다. 그러니 아무에게도 관심을 주지 말자. 오직 나만 생각하자!'
수염왕은 매일 다짐했어. 그런데 자꾸만 복지관 아이들에게 관심이 생기는 거야. 아침에 진실이는 왜 울었을까? 대한이가 학교에서도 씩씩하게 생활할 수는 없을까? 복지관 아이들이 놀림을 받지 않으려면 어떻게 해야 할까? 할머니는 어떻게 살까? 그리고 어떻게 해야 아이들에게 사랑받을 수 있을까.
'내가 왜 이럴까? 이러면 안 되는데, 다른 사람에게 관심이 생기면 안 되는데…….'
수염왕은 머리를 흔들었어.
'아니야, 백성에게 사랑받는 왕은 되지 못했지만, 복지관 사람

들에게 사랑받는 선생님은 될 수 있어. 그래, 결심했어!'

수염왕은 주먹을 꼭 쥐었어.

수염왕은 '사랑받는 선생님 되기' 계획을 짰어. 단계별로 목표도 세웠지.

〈사랑받는 선생님 되기 계획표〉

첫째, 아이들에게 사랑하는 선생님이라 불린다.
방법: 아이들이에게 '사랑하는 선생님'이라고 부르게 한다.
(계속 부르다 보면, 저절로 나를 사랑하는 선생님이라 생각하게 될 거야. 크크큭.)

둘째, 아이들에게 존경받는 선생님이 된다.
방법: 복지관 아이들의 성적을 올려준다.
(성적이 오르면, 학교나 집에서 인정을 받겠지? 그럼 나를 고맙게 생각할 테고, 저절로 내가 존경스럽게 느껴지겠지?)

셋째, 아이들의 기억에 좋은 선생님으로 남는다, 오래오래.
방법: 복지관을 예쁘게 바꿔 준다.
(돈이 좀 아깝지만, 돈만큼 효과가 좋은 건 없지, 암!)

"됐어, 완벽해!"

수염왕은 수첩을 덮으며 외쳤어. '선생님, 수염왕 선생님' 하며 자신을 둘러싸는 아이들, 아이들에게 사랑받는 자신을 상상하자, 흐~ 저절로 웃음이 얼굴 가득 번졌어.

수염왕은 자기가 정한 '사랑받는 선생님 되기' 계획표를 자랑하고 싶었어. 그래서 윤다정 선생님에게 수첩을 살짝 보여줬어.

"윤선생. 요것 좀 봐봐. 내가 아이들을 위해 이렇게 목표를 짰거든?"

하지만 윤다정 선생님은 수첩을 다 읽고, 좀 당황한 표정을 지었어.

"선생님. 이 목표와 계획은 좀……. 아, 물론 수염왕 선생님이 아이들에게 사랑받는 선생님이 되시면 정말 좋지만요."

"왜? 뭐가 이상해?"

"저, 선생님. 이렇게 하시면 어떨까요? 오늘 오후에 인권 교육이 있는데, 선생님도 함께 들으시면 좋을 것 같아요. 그럼 아이들에게 사랑받는 선생님이 되실 수 있을 거예요."

"뭐? 인권?"

수염왕은 기분이 상했어. 백성이 '인권'을 요구하며 자기를 왕

자리에서 내쫓았으니까.

"아이들에게 사랑받는 선생님이 되고 싶으시죠?"

윤다정 선생님이 가만히 수염왕을 바라보았어.

"인권 교육 좀 받는다고 큰일이 날라고. 알았어. 나도 참가할 게."

인권 교육은 윤다정 선생님이 맡았어. 아이들을 어떻게 대해야 하는지, 하나하나 설명했지.

"아이를 어떻게 부르시나요? '야', '너' 혹은 아이가 싫어하는 별명으로 부르시진 않나요? 호칭은 아주 중요해요."

"아이가 잘못된 행동을 하면, 잘못된 행동만 지적하셔야 해요. '못됐다, 이기적이다, 게으르다, 난폭하다' 같은 아이의 성격을 단정하는 표현이나 감정적인 말은 하지 마세요."

"아이에게 화가 날 때가 있지요? 그럼 화가 가라앉을 때까지 기다리세요. 그 뒤에 아이와 얘기하세요. 감정대로 화를 내거나, 아이를 때리지 마세요."

"아이와 문제가 생기면, 아이와 함께 해결하려고 노력하세요. 선생님이 다 알아서 하면, 아이들은 문제를 해결할 기회가 없어지

니까요."

'인권 수업이라고 해서 뭐 대단한 걸 가르쳐주는 줄 알았더니, 뻔한 얘기만 하네.'

수염왕은 투덜거리면서도, 윤다정 선생님의 말을 하나도 빠짐없이, 열심히 들었어.

수염왕은 당장, 인권 교육에서 배운 대로 아이들과 상담하고 싶었어.

"나는 모르는 게 없는 훌륭한 사람이지만, 여러분을 위해 특별히 인권 교육을 받았다. 흠, 하여간 오늘부터 여러분이랑 동등한 인간으로서 상담할 거야."

수염왕은 도서실 한구석에 책상과 의자를 준비했어. 첫 상담은 대한이와 했어.

"김대한, 너는 왜 내 말을 안 듣니?"

수염왕이 얼굴 가득 친절한 미소를 지으며 대한이에게 물었어. 대한이는 좀 놀란 듯, 눈을 찡그렸어. 그리고 퉁명스럽게 말했어.

"제가 언제 말을 안 들었어요?"

"내가 아이스크림을 사 준 것을 아무에게도 말하지 말라고 했는

데, 네가 여기저기에 말했잖아. 그래서 내가 관장 선생님께 혼났다고. 그리고 씹던 껌을 신발에 넣고, 도서실과 마당도 어지럽혔지. 그러고도 네가 말을 안 듣는 아이가 아니라고?"

대한이의 입이 실룩거렸어. 하지만 아무 말도 하지 않았어.

"대답해 봐. 이 수염왕 선생님의 말이 다 맞지?"

대한이는 두 손을 점퍼 주머니에 넣은 채, 발로 책상다리를 툭툭 치기만 했어.

"내가 이럴 줄 알았어. 내가 아무리 인간적으로 너를 존중하려고 해도, 네가 이렇게 말을 안 듣는데 무슨 소용이 있냐?"

"제가 언제 인간적으로 대해 달라고 했어요? 그리고 선생님 마음대로 생각할 거면서 나한테 왜 물어요?"

수염왕은 대한이의 말에 기분이 상했지만, 인권 교육에서 배운 내용을 떠올리며 화를 참았어. 그리고 다시 상냥하게 대한이에게 말했어.

"서연이란 애가 복지관 아이들을 놀리던데 넌 왜 그렇게 못된 아이를 좋아하는 거냐?"

"누가 서연이를 좋아한다고 그래요?"

대한이가 깜짝 놀라며 소리쳤어.

"그리고 서연이는 못된 애가 아니에요. 예전에 서연이가 담임선생님께 고자질한다고, 아이들한테 따돌림을 당한 적이 있어요."

"내가 봤을 때는, 오히려 서연이가 우리 복지관 아이들을 놀리던데?"

"다른 아이가 따돌림을 당해야, 자기는 따돌림을 안 당하니까요. 그래서 자기가 앞장서서 복지관 아이들을 놀리고 따돌리는 거예요."

"어쨌건 그 아이가 앞장서서 널 놀리는 건 사실이잖아."

"저도 놀림당하는 건 싫지만, 서연이가 따돌림당하는 것보다는 나아요. 저는 남자니까."

대한이의 말을 듣고, 수염왕은 조금 놀랐어. 대한이가 학교에서 심한 일을 당했는데도 서연이를 먼저 위하는 마음에 조금 감동을 하였지. 수염왕은 마지막 질문을 했어.

"흠흠흠. 그리고 말이다, 너희 엄마가 가난한 검은진주나라 사람이라고 다른 애들이 놀린다며? 피부색이 어둡다고도 놀리고. 하지만 부끄러울 것 없다, 너희 엄마는……."

"우리 엄마 얘기하지 마요! 우리 엄마는 가난해서 우리 아빠랑 결혼한 게 아니라, 아빠를 사랑해서 결혼한 거라고요."

대한이가 벌떡 일어나더니, 도서실을 뛰쳐나갔어.

"이럴 줄 알았어. 저런 버르장머리 없는 녀석에게 감동할 뻔하다니."

수염왕은 대한이를 쫓아가서 혼을 내줄까 했지만, 참았어. 그리고 억지로 미소를 지으며 다음 상담할 아이를 기다렸어.

"넌 누구냐?"

수염왕이 맞은편 의자에 앉은 아이를 보고 물었어. 처음 보는 아이였어.

"저는 조용희예요. 선생님이 처음 오신 날부터 있었는데요."

용희가 조용하게 대답했어.

"아, 그, 그래? 흠흠. 그런데 너도 고민이 있냐?"

"네. 제 고민은, 부모님이 자꾸 공부하라고 말씀하시는 거예요."

"부모님 말씀이 맞구먼. 공부는 꼭 해야 한다고."

"저도 공부하는 것은 좋아요. 하지만 일주일 내내 공부만 하는 건 싫어요."

용희의 부모님은 작은 빵집을 해. 그런데 마을에 큰 회사의 빵집들이 생기면서, 용희네 빵집에는 손님이 오지 않았어.

"아빠는 우리 집이 가난한 게, 다 아빠가 공부를 못해서래요. 그래서 항상 저한테 공부하라고 해요. 공부를 못하면, 아빠처럼 패배자가 된다, 1등을 해야 남들이 부러워한다고 해요. 하지만 저는 1등 하는 것도 싫고, 다른 사람한테 잘난 척하고 싶지도 않아요."

용희는 고개를 푹 숙이고 바지를 만지작거렸어.

"그럼 너는 아빠가 싫겠구나?"

"아, 아니에요. 저는 아빠가 좋아요."

"너한테 공부만 하라고 하는데도?"

"그럼요. 저는 아빠가 계시는 게 행운이라고 생각하는 걸요. 있잖아요, 저희 반에 수미라는 애가 있는데요, 그 애는 아빠가 돌아가셨어요. 그래서 엄마랑 동생이랑 살아요. 수미는 저번 어버이날에 학교에서 카네이션을 만들다가 울었어요. 아빠가 보고 싶다고요."

"그래도 네 아빠 때문에 네가 속상하잖아. 만날 1등 하라고 잔소리하고."

"그건 제가 커서 행복하기를 바라시니까 그러시는 거예요."

용희의 말을 듣자, 수염왕은 어렸을 적 일이 떠올랐어. 수염왕의 아버지, 붉은 수염왕은 항상 어린 수염왕에게 말했지.

'너는 왕이 될 사람이야. 그러니 당연히 1등을 해야 해.'

'멍청한 녀석, 다른 나라 왕자들보다 점수가 낮잖아!'

'게으른 녀석, 이 문제집을 다 풀기 전에는 잠도 자지 말고 먹지도 마!'

'1등을 해야 훌륭한 왕이 될 수 있어.'

수염왕은 갑자기 슬퍼졌어.

'훌륭한 왕은커녕, 왕 자리에서 쫓겨나기까지 했으니……. 아바마마가 나를 얼마나 부끄러워하실까?'

수염왕은 코를 팽 풀었어. 자꾸만 눈물이 났어.

용희는 수염왕의 모습을 보고 당황했어.

"수염왕 선생님, 왜 우세요?"

"네 얘기를 들으니, 아빠 왕이 생각나서 그런다. 아빠 왕도 항상 나에게 공부를 하라고 하셨어. 1등을 하면 황금으로 장식한 장난감을 사 주셨지. 아마 지금의 나를 보면 창피해하실 거야."

"아니에요. 선생님의 아버지는 선생님을 자랑스럽게 생각하실 거예요. 엄마, 아빠는 자식을 사랑해요. 단지 겉으로 표현을 안

하시는 것뿐이에요."

용희가 수염왕의 곁으로 다가가 어깨를 다독여 주었어.

"흑. 그럴까?"

"그럼요. 그러니까 기운 내세요. 저는 수염왕 선생님이 훌륭한 분이라고 생각해요."

"진짜? 흠흠흠. 그렇지, 그렇지. 나는 훌륭해. 맞아, 공부 성적이 1등이라고, 다른 일에 성공하는 건 아니야. 나를 봐. 항상 1등을 했지만 왕 자리에서 쫓겨났잖느냐."

수염왕은 눈물이 그렁그렁 맺힌 채, 용희를 보며 씩 웃었어.

용희도 수염왕을 보며 환하게 웃었어.

용희 다음엔 진실이와 상담을 했어. 용희와 상담을 한 다음부터, 자신감이 생겼어.

"지난 주말에 네가 울었잖아, 왜 울었니?"

진실이 볼이 발갛게 물들었어.

"혹시…… 너, 대한이를 좋아하는 게냐? 그 녀석은 너처럼 착하고 예쁜 아이랑 전혀 어울리지 않아. 그러니 다른 아이를 좋아하렴. 좀 전에 보니까 조용히가 아주 괜찮더라. 지금부터 조용히

를 좋아하렴"

"네? 조용히요?"

진실이의 눈이 동그래졌어.

"용희를 싫어하는 건 아니지만…… 그래도 좋아하는 사람을 마음대로 바꿀 수는 없잖아요, 그렇죠?"

"응? 그런가? 그건 그렇고, 너는 복지관에서 불편한 거 없니? 말만 하렴. 내가 다 고쳐줄 테니. 나 수염왕은 돈이 어마어마하게 많거든."

"와, 정말요?"

진실이가 과장되게 놀란 시늉을 했어.

"그런데 복지관에 처음 왔을 때는 무서웠지만, 지금은 아주 편해요. 점자 안내판도 있고, 복도에 잡고 다닐 수 있는 봉도 있고요. 또 바닥에 시각 장애인용 블록도 있잖아요. 저는 복지관에 불만이 없어요."

진실이가 싱긋 웃었어.

수염왕은 씩씩하고 밝은 진실이가 참 멋지다고 생각했어. 물론 자신보다는 못하지만 말이야.

"아 그렇구나, 차돌이 너랑도 상담해야지."

수염왕은 차돌이가 상담 의자에 앉자 조금 당황했어. 차돌이는 말을 듣지 못하는데 어떻게 상담을 해야 할지 몰랐지.

그러자 차돌이가 가방에서 종이와 연필을 꺼냈어.

"오, 그렇지, 그렇지. 좋은 방법이야."

 너는 요즘 고민이 뭐냐? 솔직히 털어놓으면 이 훌륭한 수염왕 선생님이 싸악 다 해결해 줄게.

수염왕이 종이에 적었어.

차돌이는 수염왕의 글을 읽고 수염왕의 얼굴을 보더니, 슬픈 표정으로 종이에 글을 적었어.

포근이를 죽였어요.

"뭐? 사람을 죽였다고?"

수염왕은 깜짝 놀랐어. 차돌이는 슬픈 표정을 지으며 고개를 숙였어.

수염왕은 급하게 종이에 적었어.

언제, 어디서, 왜 죽인 게냐? 세상에 사람을 죽이다니, 경찰에 자수하러 가자.

포근이는 사람 아니고, 새끼 오리예요. 학교 앞에서

> 3,000원 주고 샀어요. 추울까 봐 상자 안에 넣고 뚜껑을
> 닫아 놨는데,

여기까지 쓰고 차돌이는 한숨을 푹 쉬었어. 눈을 여러 번 깜박이며 눈물을 참았지. 그러더니 코를 훌쩍이면서 글을 이어서 마저 썼어.

- 다음 날 보니까 죽었어요. 우리 형이 제가 죽였대요. 제가 뚜껑을 닫아서 포근이가 숨 막혀서 죽은 거라고.
- 오리 새끼라고? 네가 또 나를 놀리는 게냐?
- 제가 언제요? 선생님이 바보처럼, 포근이가 사람이라고 생각한 거잖아요. 선생님은 아무것도 모르면서.

차돌이는 얼굴을 찡그렸어. 수염왕은 화가 났지만, 대한이처럼 상담을 망치면 안 된다고 생각해서 참았어. 그래서 다른 얘기를 꺼냈어.

- 음…… 전에 네가 나한테 엄청난 욕을 한 적이 있지? 기억나지?

🧒 네. 그때는 제가 잘못했어요.

👵 좋아. 잘못을 뉘우치는 것은 훌륭한 행동이다. 너를 용서해 주마. 용서를 하는 것도 훌륭한 행동이지.

수염왕의 글을 보고, 차돌이가 싱긋 웃었어.

👵 그런데 말이다, 그때 왜 욕을 한 거냐?
🧒 선생님이 제 말을 못 알아들어서, 답답했어요.
👵 뭐야? 고얀 녀석.

'아냐 아냐, 참아야 해.'
수염왕은 종이에 글을 쓰다 말고, 두 줄을 그어서 글을 지웠어.

👵 음, 욕을 하는 게 나쁜 행동이란 건 너도 알지?
🧒 네. 하지만 우리 아빠랑 형도 만날 저한테 욕하는데요?
👵 엥? 왜 너희 아버지랑 형이 너에게 욕을 하지?
🧒 답답하니까요. 말을 해도 저는 잘 못 듣고, 대답도 제대로 못 하고.

수염왕은 이번에도 차돌이가 자기를 놀릴 거로 생각했어. 그런데 차돌이가 솔직하게 대답을 하자, 그만 놀라고 말았지. 수염왕은 차돌이가 감동할 만큼 훌륭하고 멋진 대답을 쓰고 싶었어. 하지만 어떤 대답도 생각이 나지 않았어. 주르륵. 갑자기 눈물만 났어. 수염왕은 얼른 손등으로 눈물을 닦았어. 오늘따라 왜 자꾸 눈물이 나는지, 당황했어.

차돌이가 놀라서, 급하게 종이에 적었어.

 선생님도 제가 답답해서 그래요?

 아니다. 하루살이가 눈알에 부딪혀서 그런다. 면담 끝!

수염왕은 숨을 참으며 겨우 글을 썼어. 그리고 도서실 밖으로 달려나갔어. 자꾸 눈물이 났어.

수염왕은 복지관 마당으로 나가서, 현관 앞 계단에 앉았어. 바람을 타고 노란 은행잎이 제자리에서 빙글빙글 도는 모습이, 마치 춤을 추는 것 같았어. 그 모습을 보자, 왕궁에서 열렸던 무도회가 떠올랐어. 무도회 한가운데에서 멋지게 춤을 추는 아빠 왕과 엄마 여왕이 보였어. 춤을 추는 어린 수염왕도 보였지. 아무리 화

127

려하고 멋진 무도회여도, 어린 수염왕은 기쁘지 않았어. 수염왕은 아무리 연습해도 춤을 잘 추지 못했어. 그래서 부모님과 신하들 앞에서 춤을 틀릴까 봐 항상 긴장해야 했어. 긴장할수록 수염왕이 추는 춤은 더 어색해지고 발은 점점 더 꼬였지. 그럴 때마다 아빠 왕은 혀를 찼어. 엄마 여왕은 어린 수염왕을 안타깝게 바라보았지.

획. 바람이 차가웠어. 눈물에 젖은 얼굴이 차가워졌어. 수염왕은 휴우 한숨을 쉬었어. 어렸을 때는 무섭기만 하던 아빠 왕이지만, 지금은 아빠 왕이 보고 싶었어. 아빠 왕이 지금의 자신을 보면 화를 내실지도 모르지만 말이야.

수염왕은 다시 도서실로 돌아갔어. 아이들만 있어서, 도서실이 난장판이 되었을 줄 알았는데, 웬일인지 조용했어. 누군가 동화책을 읽는 소리만 들렸지. 수염왕은 문을 열었어.

아이들은 바닥에 앉아 조용히 동화에 귀를 기울이고 있었어.

그런데 동화를 읽는 사람은 진실이었어. 진실이는 무릎에 놓인 점자 동화책을 손가락으로 집어가며 아이들에게 동화를 들려주고 있었어.

수염왕도 아이들 옆에 앉아 진실이가 들려주는 동화를 들었어.
빨갛게 얼었던 얼굴이 조금씩 따뜻해졌어.

 **수염왕이 좀 변한 것 같아요.**

그렇지? 무지개 복지관에 처음 왔을 때와 비교해서 수염왕이 참 많이 바뀐 것 같아. 소수자가 뭔지 관심도 없고, 대한이에게 다른 나라 사람 아니냐고 묻고, 장애가 있는 차돌이와 진실이에게 편견도 있었지. 그런데 지금은 복지관에서 만난 사람들에게 관심이 생기고, 아이들에게 사랑받는 선생님이 되고 싶어하지. 자기만 최고이고, 다른 사람은 다 무시했던 수염왕이었는데 말이야.

관심은 참 힘이 세. 어떤 사람이나 물건, 사회 등에 관심을 품으면 그 사람, 혹은 그것에 대해 알고 싶어지지. 관심 있는 대상에 관해 알게 되면, 그 사람을 이해하게 되고 말이야.

'다문화 사회'에서 사는 우리에게 필요한 것은 이런 관심일지 몰라. 나와 다른 사람들에게 관심을 두면서 이해하고 인정하고 함께 나누는 태도 말이야.

**우리가 다문화 사회에서 살고 있다고요?
다문화 사회가 뭔데요?
다문화 가정이란 말이랑 비슷한 말인가요?**

다문화 사회는 다양한 소수자가 함께 어울려 사는 사회를 말해. 2012년을 기준으로, 대한민국에 사는 외국인은 약 142만 명이야. 10명 중 2명은 외국인이지. 외국인뿐 아니라 다양한 소수자들이 지금, 이곳에서 우리와 함께 살고 있어. 나와 다르다고 해도, 소수자들의 다양한 문화와 생활 방식을 이해하고 인정하며 함께 살아야지.

문화는 사회의 구성원이 함께 가지고 있고, 그 사회에 전해 오는 지식, 태도, 행동이야. 그런데 다른 문화가 어색하거나 이해가 안 될 때가 있어. 고백하건대, 선생님은 이슬람교를 믿는 여성이 차도르로 얼굴을 가리고 다니는 것이 이상했어. 얼굴을 가리고 다니면 누가 누군지 어떻게 알까, 덥지도 않나? 생각했었지. 종교적인 이유 때문에 돼지고기나 쇠고기를 먹지 않는 사람도 마찬가지로 낯설었어.

그런데 외국 사람들은 우리의 문화를 겪으며 놀라더라고. 한국의 김치가 너무 맵다고 놀라고, 따뜻한 방바닥에 앉는 것도 놀라지. 설에 어른들께 세배하는 것을 신기해하고, 보신탕을 먹는 것을 흉보기도 하지. 우리에겐 익숙한 문화인데 말이야.

앞에서 알아본 것처럼 피부색이 다른 사람도 마찬가지야. 어두운 색의 피부, 밝은 색 피부, 동양인의 피부처럼 피부색이 다르다고 해도, 사람은 다 똑같이 존중받아야 하는 사람이지.

성 정체성이 다른 사람도 동등한 인권을 가진 사람이고 말이야.

또 종교적인 이유 때문에 군대에 가는 것을 거부하는 사람들이 있어. 이런 사람들을 '양심적 병역 거부자'라고 하지. 양심적 병역 거부자는 다른 사람을 해치는 무기인 총을 들 수 없다고 말해. 하지만 우리나라는 병역의 의무가 있잖아. 양심적 병역 거부자 중 군대에 가는 것을 거부해서 감옥에 간 사람도 많아. 양심적 병역 거부자는 군대에 가는 대신, 봉사 활동을 하거나 공공 기관에서 일하는 등의 대체복무를 하겠다고 요구하고 있어. 총을 들 수 없다는 신념 때문에 감옥에 보내는 것은 잘못된 것이라며 대체복무를 찬성하는 사람도 있고, 군대에 가는 다른 군인들이 억울할 수 있다며 반대하는 사람도 있지.

그 외에도 길에서 생활하는 노숙자, 외국인 노동자, 혼혈인 등도 우리 사회의 소수자이지만 우리와 함께 살아가는 사람들이야.

친구들과 선생님 역시 이미 소수자일 수 있고 언제든지 소수자에 속하게 될 수도 있어. 그렇기에 지금까지 알아본 소수자들을 차별해서는 안 되지만, 동정하는 것도 좋지 않아. 우리가 속한 이 사회는 다양한 문화를 가진 사람들, 다양한 외모와 성격, 능력을 갖춘 사람들이 있고 우리는 모두 동등한 사람일 뿐이니까.

수염왕의 인권 노트

인권은 자격이 없다. 인권은 인간이라는 이유만으로 누구나 차별 없이 누려야 하는 권리이다. 그렇기 때문에 소수자도 동등한 인권을 가진 사람이다.

(모든 사람이 동등하다고? 내가 왕이었을 때는 다른 사람은 나보다 못하다고 생각했었는데……. 썩 마음에 들진 않지만, 세상이 바뀌었으니 인정!)

잠깐 코너

차별의 이유?

'저 아이는 따돌림을 받을 만해요.' '차별을 당할 만한 이유가 있다니까요.' 과연 그럴까?

선생님이 본 방송 프로그램 내용을 소개할게. 교육전문가들이 학생들을 대상으로 실험한 내용이야.

담임선생님이 반 학생들에게 "키가 작은 사람이 키가 큰 사람보다 훨씬 능력이 뛰어나다."라고 말하면서 키가 큰 아이들을 열등한 사람이고 키가 작은 사람은 우수한 사람이라고 말했어. 수업

시간 내내, 선생님은 키가 작은 학생들에겐 칭찬하고 키가 큰 학생들은 무시하면서 차별을 했어. 괜히 키가 큰 학생들에게는 트집을 잡아 꾸중했지. 급식도 키가 작은 학생들이 다 받은 다음에 키가 큰 학생이 받게 했어. 키가 큰 학생들은 점점 발표도 하지 않고 소심해졌어. 평소엔 잘하던 일도 선생님이 자꾸 꾸중을 하니까 실수를 했지. 키가 큰 어떤 학생은 자기는 키가 크지 않다고 주장하기도 했어. 억울하다고 우는 학생도 있고 이런 차별은 잘못된 거라고 항의하는 학생도 있었지.

친구들은 어떻게 생각하니? 키가 큰 사람은 정말 열등한 사람일까? 아마 말도 안 되는 소리라고 생각할 거야. 맞아. 이 실험 역시 우리가 차별하는 이유는 근거가 없다는 것을 보여주는 실험이었어. 그리고 차별을 당한 사람이 얼마나 억울한지 함께 느끼는 실험이기도 했지.

이와 비슷한 실험을 미국의 초등학교 선생님이 한 적이 있어. 그 선생님은 반 학생들을 갈색 눈을 가진 학생과 파란 눈의 학생으로 나눠서 차별했지. 결과는 우리나라 학생들에게 한 실험과 같았어. 이 실험에 참여한 미국의 초등학생들은 피부색 때문에 흑인을 차별하는 것이 옳지 않다는 것을 깨달았지. 자신들이 눈동자의 색

이 다르다고 차별받은 것은 잘못된 일이고, 흑인의 피부색이 다르다고 차별받는 것은 당연하다고 생각할 수는 없으니까 말이야.

하지만 이런 차별들이 실험이 아니라 실제로 벌어지는 일이라면 어떨까? 사람들이 '키가 큰 사람은 머리가 나쁘다.'라면서 계속 차별을 한다면 말이야. 실험처럼 키 큰 친구들이 주눅이 들어서, 잘 하던 일도 갑자기 실수하지 않을까? 잘못된 편견 때문에 차별하는 것은 그래서 위험해. 그리고 근거도 없는 잘못된 일이지.

피부색이 다르다고 해서, 곱슬머리라고 해서, 가난하거나 교육을 덜 받았다고 해서, 장애가 있다고 해서, 단지 여자라고 해서 차별을 받는 것 역시 마찬가지야.

참고

《푸른 눈, 갈색 눈》 윌리엄 피터스 / 한겨레출판
EBS 다큐프라임 〈초등생활보고서〉

6

다 함께
빙글빙글

서로 배우는 사회 다문화 어린이 도서관 '모두' 탐방

"자, 모두 한 줄로 서라!"

수염왕이 목청껏 외쳤어. 수염왕은 산타할아버지의 선물 가방처럼 커다란 배낭을 멨어.

"와하하. 가방 때문에 선생님이 뒤로 넘어지실 것 같아."

아이들이 수염왕을 보며 웃었어. 하지만 수염왕의 말대로 복지관 마당에 흩어져 있던 아이들은 나란히 줄을 섰지.

오늘은 수염왕이 무지개 복지관에서 사회봉사를 하는 마지막 날이야. 수염왕은 복지관 아이들에게 오래 기억될 추억을 선물하고 싶었어. 그래서 함께 소풍을 가기로 했지.

"호호호. 수염왕 선생님, 아이들과 소풍 가는 것은 처음이시죠?"

윤다정 선생님이 수염왕에게 물었어. 윤다정 선생님이 수염왕

을 도와서 함께 소풍을 가기로 했어.

"어렸을 적에 부모님과 함께 별장으로 놀러 간 적은 있어. 신하들을 이끌고 사냥을 가기도 했고. 음, 그런데 친구들이랑 같이 소풍을 간 적은 없는 것 같아. 내 수준에 맞는 친구들이 없었거든."

수염왕이 팔자수염을 꼬며 곰곰이 생각하다가 대답했어.

"어머? 친구들과 소풍을 가신 적이 없다고요? 저는요, 어렸을 적에 소풍 가는 날만 손꼽아 기다렸어요. 소풍 가는 날에 비가 올까 봐 얼마나 가슴을 졸였는데요."

"소풍이 별건가? 난 소풍을 가든 말든 상관없어. 어제도 푹 잤는걸."

수염왕은 소풍에 관심이 없는 척, 거짓말을 했어. 사실 수염왕은 마음이 설레서 지난밤에 잠을 설쳤어. 비가 오는지 일기예보를 확인하고 또 확인했지. 밤을 새워 아이들과 함께 먹을 도시락을 쌌어. 그것도 모자라서, 비가 오면 입을 으비도 잔뜩 준비했지. 그리고 오늘 아침에도 새벽부터 무지개 복지관에 나와서 아이들을 기다렸지.

"책 선생님."

줄 제일 앞에 서 있던 링고가 수염왕의 손을 잡았어.

"오, 그래 우리 링고가 제일 먼저 줄을 섰구나."

수염왕은 처음 무지개 복지관에 왔을 때는 링고가 자기 손을 잡으면 깜짝 놀라서 손을 뺐어.

하지만 지금은 어린 링고의 손을 잡고 다니는 것이 당연했어. 특히 오늘처럼 복지관 밖으로 나갈 때는 링고의 손을 잡아 보호해 주었지.

"어디로 소풍 가는 거예요?"

진실이가 수염왕에게 물었어.

"크크크. 너무 많은 걸 알려고 하지 마. 직접 가 보면 안다."

수염왕이 말했어.

"대한아, 네가 진실이의 팔짱을 끼고 친절하게 안내해야 한다. 진실이가 길을 잃으면 다 네 책임이야."

수염왕의 대한이에게 말했어.

대한이는 당황한 듯, 머리를 긁적였지만. 고개를 끄덕였어. 대한이의 볼이 조금 붉어졌어. 대한이에게 팔짱을 긴 진실이의 볼도 조금 붉어졌지. 대한이와 진실이를 보며 수염왕은 슬쩍 미소를 지었어.

"자, 나를 따르라!"

수염왕이 오른팔을 번쩍 들며 외쳤어. 그러고 씩씩하게 복지관 밖으로 걸어나갔어. 아이들도 수염왕의 뒤를 따라나섰어. 조용희가 수랑이의 목줄을 잡고 가고, 줄 제일 뒤에는 윤다정 선생님이 아이들이 길을 잃지 않도록 살피며 뒤따랐어.

"크크큭. 내가 준비한 선물을 보면 다들 좋아하겠지? 기억에 아주아주 오래 남을 거야."

수염왕은 가방을 툭툭 치며 혼자 웃었어.

수염왕은 아이들과 심술쟁이 할머니 집으로 소풍을 가는 중이야.

심술쟁이 할머니는 복지관 아이들과 함께 소풍을 오겠다는 수염왕을 말을 들었을 때 화를 냈어.

"난 아이들은 질색이야. 아이들은 떠들고 울어 대고 보살펴 줘야 하잖아. 귀찮기만 하다고!"

사실, 할머니는 아이들에게 낡고 허름한 집을 보여주고 싶지 않았어. 아이들에게까지 혼자 사는 불쌍한 노인이라고 동정받는 게 싫었어. 아니, 속마음은 아이들이 자신을 피할까 두려웠지. 자신이 재미있게 놀아주지 못해서 아이들이 실망하지는 않을까, 할머

니는 겁이 났어.

하지만 이번엔 수염왕이 심술쟁이 옹고집 할머니보다 더 고집을 부렸어. 할머니께서 뭐라고 하든, 아이들과 함께 가겠다, 아이들을 쫓아내든 말든 할머니 마음대로 하셔라 하며 고집을 부렸지.

"쳇, 수 선생은 나보다 더 고집쟁이네. 수 선생 마음대로 하시게."

할머니는 못 이기는 척, 수염왕의 말을 따라주었어.

수염왕과 아이들은 꼬불꼬불한 길을 이리저리 돌고 돌아 심술쟁이 할머니 댁에 도착했어.

할머니는 집 앞에서 수염왕과 아이들을 기다리고 있었어. 정말 오랜만에 할머니 집에 손님이 오는 거였어.

"자, 할머니께 인사드려라. 오늘은 할머니 댁에서 놀 거야."

수염왕이 아이들을 할머니 쪽으로 밀었어.

"안녕하세요, 할머니."

아이들이 씩씩하게 인사했어.

"저는 할머니를 자주 뵀어요. 너희도 무지개 복지관에서 할머니 뵀지?"

대한이의 말에 아이들이 고개를 끄덕였어.

"그런데 우리 집은 놀거리가 없는데, 너희가 오늘 재미있을지 모르겠다."

심술쟁이 할머니가 걱정했어.

"괜찮아요, 할머니. 저만 있으면 어디라도 다 재밌는 곳으로 바뀐다고요."

수염왕이 가슴을 쑥 내밀며 말했어.

"너희 혹시, 주말농장이라고 들어봤어? 할머니께서 뒷마당을 너희의 주말농장으로 빌려주신대."

"와!"

아이들이 환호성을 질렀어.

수염왕이 아이들을 뒷마당으로 이끌었어.

뒷마당엔 수염왕이 미리 준비한 모종들과 모종삽, 물뿌리개 등이 종류별로 놓여 있었어.

"이 모종들은 상추, 고추, 깻잎, 토마토야. 다른 것도 좀 있고. 이름표를 줄 테니까 자기가 심은 작물에는 자기 이름표를 붙이자. 그리고 가끔 이곳에 와서 자기가 심은 작물을 가꾸는 거야. 할머니도 뵙고 말이야."

"네, 저는 할머니를 뵈러 매주 올 거예요, 대한이가 제게 길을 안내해 주면요."

진실이가 수줍게 말했어.

"뭐, 까짓것. 그래, 내가 앞으로 항상 같이 올게. 걱정하지 마."
대한이가 약속했어.

"그, 그래 줄래? 고마워, 대한아. 그런데 할머니, 꽃은 없나요? 저는 예쁜 꽃을 심고 싶어요."

대한이의 대답에 진실이의 볼이 빨개졌어. 진실이는 얼른 손으로 볼을 감싸며 할머니에게 물었어.

"내가 작년에 받아둔 봉선화 씨가 좀 있단다."

할머니가 진실이의 손에 봉선화 씨앗을 담은 봉투를 쥐여 줬어.

"자, 주목! 할머니께서 모종 심는 시범을 보이실 거야. 잘 봐야 한다."

수염왕의 말에 아이들 모두 할머니를 바라보았어. 아이들이 눈을 동그랗게 뜨고 주목하자, 할머니는 조금 긴장되었어.

흠흠, 헛기침을 하고 할머니는 땅을 모종삽으로 둥그렇게 팠어. 그리고 모종판에서 어린잎이 몇 장 돋은 상추 모종을 꺼내서 흙구

덩이에 세워 넣고 흙으로 주변을 메웠어. 그리고 양손으로 상추 모종을 심은 흙을 꼭꼭 눌러주고 물을 흠뻑 주었어.

"쉽지? 이제 너희도 해 보렴."

할머니의 시범을 유심히 살펴보던 아이들이 모종 화분을 하나씩 골라 들었어.

"난 토마토를 좋아하니까 토마토를 심을래."

"오이를 잘 키워서 엄마한테 가져다줄 거야."

조용희는 모종판에서 한참 고민하더니, 고추와 상추, 깻잎 모종을 한 아름 들었어.

"그걸 다 심으려고?"

수염왕이 조용희에게 물었어.

"네. 아빠가 고추랑 상추, 깻잎을 다 좋아하세요."

조용희가 고개를 끄덕였어.

아이들은 저마다 모종을 골라 들고 뒷마당에 자리를 잡았어. 모종삽으로 흙을 파고 조심조심 모종을 옮겨 심었지. 윤다정 선생님이 주전자를 들고 다니며 아이들이 심은 모종에 물을 주었어.

"진실이 너, 봉선화의 전설을 아니?"

윤다정 선생님이 진실이에게 물었어.

"봉선화의 전설이요?"

"그래, 봉선화의 전설. 봉선화로 손톱을 물들인 다음에, 첫눈이 올 때까지 손톱에 봉선화 꽃물이 남아 있으면 사랑이 이루어진다는 전설이 있어."

"진짜예요, 선생님?"

진실이가 수줍게 웃었어.

"진짜이고말고. 선생님이 봉선화 심는 것을 도와줄게. 그리고 꽃이 피면 선생님이랑 같이 손톱에 예쁘게 봉선화 꽃물을 들이자."

윤다정 선생님이 진실이의 어깨를 안으며 말했어.

"차돌아, 요쪽으로 와봐. 너를 위해 이 수염왕 선생님이 특별히 선물을 준비했단다."

수염왕이 기둥 뒤에서 고개만 살짝 내밀고 차돌이를 향해 손을 까딱였어.

"수염왕 선생님이 부르셔. 가 봐."

대한이가 모종을 고르는 차돌이에게 알려줬어.

차돌이가 수염왕에게 다가가자, 수염왕이 차돌이의 팔을 잡아 마당 한구석으로 데리고 갔어.

그곳에는 천으로 가린 커다란 상자 같은 것이 있었어.

"천을 치워 봐. 얼른."

수염왕이 양손을 비비며 차돌이를 재촉했어.

차돌이가 천을 젖히자, 철망으로 만든 우리가 나왔어.

"와아아아."

차돌이가 흥분해서 소리를 질렀어. 우리 안에는 노란 새끼 오리 세 마리가 차돌이를 보며 삑삑 울고 있었어. 수염왕은 차돌이에게 슬쩍 쪽지를 건넸어.

> 너랑 '인간적인 상담'을 했을 때, 네가 키우던 새끼 오리가 죽어서 마음 아파했잖아. 이 수염왕 선생님은 기억력이 아주 뛰어나거든. 그래서 이번에 네게는 새끼 오리를 주고 싶었다. 이 녀석들이 건강하게 자라서 새끼도 낳을 수 있게 잘 키워 봐.

어느새 차돌이는 우리 문을 열어 새끼 오리들을 가슴에 꼭 안고 있었어. 차돌이는 눈물이 고인 눈으로 오리들을 한참 내려다보더니, 수염왕을 와락 안겼어.

"어이쿠! 징그럽다, 이 녀석. 크크크큭."

수염왕은 차돌이가 기뻐하자 정말 기분이 좋았어. 물론 자기에

게 고마워하는 것이 더 좋았지.

"근처 개울에서 오리들이 헤엄치면 좋을 거야. 내가 잘 돌볼 테지만, 그래도 네 오리니까 자주 와서 돌보렴. 그래야 이 오리들이 네가 주인인 줄 알 테니까 말이야."

복지관 아이들에게 모종 심는 방법을 알려 주고 온 할머니가 차돌이의 머리를 쓰다듬으며 말했어. 차돌이는 할머니의 말을 알아듣기라도 한 듯, 고개를 끄덕였어.

"선생님, 모종을 다 심었어요. 이름표도 세웠고요."

여기저기서 아이들이 손을 들었어.

"그래, 이제 점심을 먹자."

수염왕과 아이들은 마당에 커다란 돗자리를 펼치고 둥글게 모여 앉았어. 수염왕이 준비한 도시락을 내놓았어.

"우와, 맛있겠다."

수염왕이 준비한 도시락을 보며 아이들이 환호성을 올렸어. 맛있는 음식이 알록달록 예쁘게 담겨 있었어.

"내가 이런 말을 하면, 너희는 내가 잘난 척한다고 생각하겠지만 사실 나는 요리를 엄청나게 잘한다. 한번 먹으면 그 맛을 잊을

수가 없지. 그러니 감사한 마음으로 도시락을 먹기 바란다. 흠, 내 자랑은 이만 끝! 자, 식사 시작!"

수염왕이 아이들에게 도시락을 건네며 말했어.

"선생님의 잘난 척은 세상에 따라갈 사람이 없다니까요. 어? 진짜 맛있잖아! 우와, 선생님 진짜 못하시는 게 없네요."

대한이가 수염왕을 타박하다 말고, 도시락을 한입 꿀꺽 삼키더니 수염왕에게 엄지손가락을 세웠어.

"크크크, 나도 안다, 내가 뭐든지 다 잘한다는 걸."

"수 선생, 음식이 아주 맛있어. 이런 솜씨를 지금까지 왜 숨겼어? 사회봉사 명령이 끝났지만, 앞으로도 음식 좀 계속해 줘."

심술쟁이 할머니도 수염왕의 요리 솜씨를 칭찬했어.

"할머니, 그런 말씀하지 마세요. 제가 얼마나 바쁜 사람인데 할머니에게 음식을 해 드려요? 오늘 제 음식을 맛본 것만으로도 영광으로 아십시오."

말은 그렇게 했지만 수염왕은 할머니에게 음식을 가져다 드릴 거야. 때때로 찾아와서 음식도 만들어 드리고 낡은 집도 고쳐 드리고 말이야.

'할머니가 심술이 많고 고집도 세시지만, 내가 잘 돌봐 드려야

지. 난 훌륭하고 멋진 수염왕 님이시니까 말이야. 크크크.'

수염왕은 자신이 정말 기특했어. 아무리 생각해도 자기보다 멋진 사람은 세상에 없다는 생각이 들었지. 돈 많지, 요리 솜씨 뛰어나지, 인정 많지, 게다가 못 하는 것도 없잖아?

수염왕이 혼자만의 착각으로 황홀해하는 동안, 어디선가 노랫소리가 들렸어.

조용희가 조용하게 '사랑으로'라는 노래를 부르기 시작했어. 곁에 있던 아이들도 용희를 따라 노래를 불렀어. 용희의 노래가 끝나자, 수염왕이 벌떡 일어나며 말했어.

"뭐야, 뭐야? 즐거운 소풍에서는 흥겨운 노래를 불러야지."

"그럼, 수염왕 선생님이 노래를 들려주세요."

윤다정 선생님이 다정하게 말했어.

"뭐, 뭐? 내, 내가 노래를……?"

수염왕은 당황해서 말까지 더듬었어.

"맞아요, 수염왕 선생님이 노래를 불러 주세요."

"노래를 들려주세요, 수염왕 선생님."

아이들이 손뼉을 치며 환호성을 올렸어.

수염왕은 당황했어. 이 상황에서는 노래를 꼭 불러야 할 것 같

은데, 노래가 하나도 생각이 나지 않는 거야. 한참을 고민해도 생각나는 노래는 단 하나, 〈생일 축하합니다〉뿐이었어. 사실 오늘은 수염왕의 생일이거든.

"음음, 오늘은 내 생일이다. 그래서 이 노래를 준비했다."

수염왕은 〈생일 축하합니다〉를 불렀어. 아이들은 처음엔 수염왕을 멍하니 보더니, 어느새 수염왕을 따라 〈생일 축하합니다〉를 함께 불렀어.

"우리 함께 춤을 춰요."

진실이가 자리에서 일어났어. 진실이는 붉은꽃나라의 전통 치마를 입은 링고와 손을 맞잡고 빙글빙글 돌았어. 대한이가, 그다음엔 차돌이가 다시 용희가 손에 손을 잡고 수염왕의 주위를 둥글게 돌며 춤을 추었지. 링고는 흥에 겨워, 치갓자락을 펄럭이며 춤을 추었어. 아이들은 고래고래 〈생일 축하합니다〉를 부르며 빙글빙글 돌았어.

"아이쿠, 시끄러워. 또 이 춤은 뭐야? 춤이란 모름지기 우아해야 하는데, 그저 빙글빙글 정신없이 돌기만 하고."

수염왕이 귀를 막으며 말했어.

"춤이 꼭 우아해야 하나요? 저마다 흥에 겨워 춤을 추면서도,

다 함께 어울려 춤추는 것이 정말 멋지잖아요. 자, 수염왕 선생님도 이리 오세요."

윤다정 선생님이 자리에서 일어나며 말했어. 그러고는 아이들 속으로 달려가서 함께 손을 맞잡고 빙글빙글 돌았어. 할머니도 그 모습을 보며, 덩실덩실 춤을 추었지. 수랑이도 작은 귀를 휘날리며 아이들 주변을 펄쩍펄쩍 뛰어다녔어.

수염왕은 그 모습을 멍하니 보고만 있었어. 난장판이 되어 춤을 추고 노래를 부르는 사람들 속으로 들어가기가 망설여졌어.

'그래도 난 수염왕인데, 점잖고 멋진 수염왕인데 말이야.'

하지만 이미 수염왕은 아이들 속으로 뛰어들고 있었어. 〈생일 축하합니다〉를 목청껏 부르며 신나게 아이들의 손을 잡고 빙글빙글 돌았지.

다문화 어린이 도서관 '모두' 탐방

 오늘은 다문화 어린이 도서관 '모두'에 놀러 가 볼까요? '모두'에는 열두 나라의 어린이 책이 7,000여 권이나 있답니다. 동화를 통해 다양한 문화가 어울리고 서로 받아들이는 공간이에요. 이야기와 이야기가 친구가 되는 곳이라고 할 수 있지요.
 이곳의 가장 유명한 프로그램은 '엄마 나라 동화 여행'입니다. 1주일에 2, 3회 정도 다문화 가정 이웃에게 출신 국가의 전래동화를 듣는 모임이에요. 동화를 읽어주는 사람은 모국어와 한국어로 동화를 읽어 줍니다.

각 국의 전통의상을 입고 〈세계 동화 구연 대회〉에 참가한 분들

'엄마 나라 동화 여행'은 한문화 가정 어린이에게는 다른 나라의 문화와 언어를 알려줍니다. 또, 다문화 가정 어린이에게는 어머니와 모국의 자부심을 높여 주지요.

그리고 다문화 어린이 도서관 '모두'는 해마다 〈세계 동화 구연 대회〉를 주최합니다. 모두 함께 손잡고 동화의 세상 속으로 여행을 떠날 수 있는 즐거운 행사랍니다.

지금 당장 다른 나라의 전래동화가 궁금하다면 올라볼라 그림동화(ollybolly.org) 사이트에 가도 돼요. 베트남, 몽골, 필리핀 애니메이션 10편을 한국어, 원어, 영어로 볼 수 있습니다.

다문화 어린이 도서관 '모두'에는 다양한 언어로 된 그림책이 있어요.

함께 읽어요

인도네시아 전래동화

《용감한 띠문 으마스》

　아기가 없던 한 여인이 딸을 낳고 싶다고 간절히 기도했어요. 그때 나타난 거인이 여인에게 오이 씨앗을 주면서 물었습니다.
　"여섯 살이 되면 오이에서 태어난 딸을 잡아먹겠다. 그래도 딸을 원하느냐?"
　여인은 그래도 딸을 원한다고 대답하고 오이 씨앗을 받았습니다. 2주일 뒤, 거인의 말대로 오이 씨앗이 자라 오이가 됐고, 그 속에서 예쁜 여자아이가 태어났지요. 여인은 아이의 이름을 '띠문 으마스(Timun Emas, 황금 오이)'라고 지었답니다. 띠문 으마스가 태어난 지 6년이 지난 어느

날, 거인이 여인에게 찾아왔습니다.

"아이를 데려가서 잡아먹겠다."

"아직은 딸이 너무 어려요. 시간을 더 주세요."

계속 고민하던 엄마는 꿈속에서 신비로운 여인을 만났어요. 그 여인은 오이씨, 바늘, 소금, 젓갈이 든 네 개의 주머니를 띠문 으마스에게 전해 주라고 말했지요. 잠에서 깬 엄마는 주머니 네 개를 띠문 으마스에게 주면서 거인을 피해 멀리 달아나라고 했습니다.

이 사실을 알게 된 거인은 크게 화를 내면서 띠문 으마스를 쫓아갔어요. 첫 번째 위기가 닥쳤을 때 띠문 으마스는 오이씨가 든 첫 번째 주머니를 거인에게 던졌어요. 그러자 오이가 주렁주렁 달린 오이 넝쿨이 생겨나 거인의 앞을 가로막았습니다.

"맛있는 오이. 음, 맛있다, 맛있어. 다 먹어야지."

오이를 다 먹어 치운 거인은 다시 쫓아갔습니다. 띠문 으마스는 두 번째 주머니를 던졌지요. 그러자 거인은 뾰족한 대나무 숲에 갇히고 말았습니다. 하지만 힘이 센 거인은 숲은 빠져나왔어요. 이번에는 세 번째 주머니를 던졌습니다. 깊은 바다가 생겨났지만, 곧 거인은 헤엄쳐 나와 띠문 으마스를 잡으러 달려왔습니다. 마지막으로 띠문 으마스는 젓갈이 든 주머니를 거인에게 던졌어요. 그러자 뜨거운 젓갈 늪이 생겨났습니다.

"뜨거운 젓갈 늪이다. 아악 뜨거워! 살려줘!"

결국 거인과 용감하게 맞선 띠문 으마스는 거인을 죽이고, 엄마 곁으로 돌아갈 수 있었답니다.

《용감한 띠문 으마스》는, 우리나라에서 열린 제4회 〈세계 동화 구연 대회〉에서 에이라 가족이 재미나게 읽어 대상을 탄 인도네시아의 전래 동화입니다.